名家论幼儿教育

行知论幼儿教育

郑刚　吴娅鑫　编

海峡出版发行集团
THE STRAITS PUBLISHING & DISTRIBUTING GROUP
福建人民出版社

图书在版编目（CIP）数据

陶行知论幼儿教育 / 郑刚，吴娅鑫编 . --福州 ：福建人民出版社，2024.4

（“名家论幼儿教育”丛书）

ISBN 978-7-211-09160-7

Ⅰ. ①陶… Ⅱ. ①郑… ②吴… Ⅲ. ①陶行知（1891—1946）—幼儿教育学—研究 Ⅳ. ①G40-092. 6②G610

中国国家版本馆 CIP 数据核字（2023）第 157055 号

陶行知论幼儿教育

TAO XINGZHI LUN YOU'ER JIAOYU

作　　者：郑　刚　吴娅鑫　编
责任编辑：赵　玮
助理编辑：叶保娇
责任校对：林乔楠
出版发行：福建人民出版社　　**电　　话**：0591-87533169（发行部）
地　　址：福州市东水路 76 号　　**邮政编码**：350001
网　　址：http://www.fjpph.com　　**电子邮箱**：fjpph7211@126. com
经　　销：福建新华发行（集团）有限责任公司
印　　刷：福建新华联合印务集团有限公司
地　　址：福州市晋安区福兴大道 42 号
电　　话：0591-88208420
开　　本：700 毫米×1000 毫米　1/16
印　　张：12. 5
字　　数：186 千字
版　　次：2024 年 4 月第 1 版
印　　次：2024 年 4 月第 1 次印刷
书　　号：ISBN 978-7-211-09160-7
定　　价：36. 00 元

前 言

幼儿教育具有悠久的历史，中外历史上的硕彦鸿儒、有识之士，在此方面有过许多论述，留下了不少金玉良言。它们成为人类历史上宝贵的精神财富，具有不朽价值。当代人阅读这些书籍、篇章，仍可从中汲取许多有益的教诲，同时对提升自己的理论素养也大有裨益。

陶行知（1891—1946），原名文濬，改名知行，定名行知，安徽歙县人。他是中国近现代享誉世界的教育家。他所创立的生活教育理论，为构建富有中华民族特色的教育理论体系做出了有益的尝试。他非常重视幼儿教育，是农村幼儿教育事业的开拓者。他以生活教育理论为核心，改造传统幼儿教育，倡导解放儿童创造力。总之，陶行知对中国幼儿教育事业发展，做出了不可磨灭的贡献。

本书所选编的陶行知论著，力求“保留原貌”。本书的文字处理，以忠实于原著、保留各时段文字语言的历史风貌为原则。对于繁体字、异体字，编者依照国家的相关规定进行统一处理。有些别字，在不影响阅读、语意的情况下，则不改动；明显的错别字则径改；其余错别字，编者在该处之后置“〔〕”，并将订正之字置于“〔〕”内。对于原文已无法辨识的文字，编者用“□”表示。有些语言与现代规范语言不同，但能从上下文明晰其意义，故不改动。本书对标点符号的处理，分为两种情况：第一，凡原著有标点者，原则上尊重作者的断句，但是，编者对当断未断或断句不当处进行补正。第二，凡原著中未标点者，均由编者统一断句和标点。标点符号的采用，依照2012年6月1日实施的《中华人民共和国国家标准·标点符号用法》。本书注释采用脚注形式，每页均重新编排序号。注释对象，为人物、事件、专用术语、特殊名词、非通译人名或术语、疑难生字词、外文等。

本书的读者对象，定位于一线幼教工作者、教育行政管理者、家庭教育工作者、学前专业及师范院校学生、渴望得到科学育儿指导的父母，以及一切对中外历代幼儿教育思想有研究兴趣者。编者希望读者通过阅读这些较为重要的篇章，能对陶行知的幼儿教育思想有较为具体、真切的了解，并能应用于教育教学实践中，推动幼儿教育改革，提高自身理论素质。

编　者

目　录

活的教育[①]

教育可分为三部：

A 死的教育；

B 不死不活的教育；

C 活的教育。

死的教育，我们就索性把他埋下去，没有指望了！不死不活的教育，我们希望他渐渐地趋于活；活的教育，我们希望他更活！

我今天且讲这活的教育。什么叫做活的教育？活的教育是什么？这个问题本来是很大的，我不容易下定义；我也不能定概观。不过，我总觉得“活”的一字，比一切什么字都要好。活的教育，更是教育中最不可少的现象。比譬：鱼在岸上，你若把他陡然放下水去，他的尾和鳍，都能得其所在，行动不已；鸟关在笼里，你若把他放到树林里去，他一定会尽其所能，前进不已。活的教育，正像鱼到水里、鸟到树林地〔里〕一样。再比

① 本文录自1922年1月18—19日《时事新报·学灯》。本文系演讲记录。记录者为汪忠一、马延乾。1921年7月，金陵大学举办暑期学校。陶行知应母校之邀，发表了这篇专题演讲。所谓暑期学校，即当时高校利用暑期校舍的空置和师资的闲暇，组织中小学教师或其他在职专业人员脱产集体进修，为继续教育的方式之一。这篇演讲稿在《时事新报·学灯》发表后，陶行知曾专门致函《学灯》记者：“今天我看见《学灯》上登了一篇《活的教育》，记得是在金陵大学暑期学校讲演的话。现在汪、马二君发表出来，我很感谢。他们记得很详细，有好几处确能传达我的精神。但因各地言语不同，所以记得也不十分正确。”该演讲“传达”了陶行知求新、求变的精神，并由此构建了他的崭新儿童观，透达了“生活教育”的基本理念，指明了中国幼儿教育改革的基本方向。

譬：花草到了春天，受了春光、太阳光的同化和雨露的滋养，于是生长日速。活的教育，好像在春光之下，受了滋养料似的，也就能一天进步似一天。换言之，就是一天新似一天。

我现在把这活的教育，再分作三段讲。

我们教育儿童，第一步就要承认儿童是活的，要按照儿童的心理进行。比方：儿童性爱合群，有时他一个人住在那地方，觉得有点寂寞的样子，在那儿发闷。我们就要找个别的小孩子同他在一块儿玩玩。普通儿童之特性，大多都富于好奇心。当他还不知道说话和走路的时候，他常时手舞足蹈的，越越〔跃跃〕欲有所试的样儿，忙个不歇。这可就是他的好奇心了。假若我们要弄些什么东西给他玩，他一定玩那好看的，不玩坏的。他起初间或也还可以拉杂的玩一路，后来知道好，他就只专玩好的了。在这地拿一点，在那地拿一点，只要与他合意，他一定非要不可。有时我们要是给他一个表，他必定将他翻来覆去的仔细观看，他并且还要探知里面的秘密，就打破沙缸问到底。我们同小孩子玩的时候，假以木筷搭个架子，小孩子看着，必定以为很好玩。后来我们忽然把他推倒，那小孩子就更以为好玩了，欢喜了。假若我们再进一步，以这架子，不由我们推倒，让小孩子自己去推；那么，这时小孩子的欢喜，我敢断定更比从前要欢喜得多了。诸如此例，我不能细举。还有一件最紧要的，就是：我们如果承认教育是活的，我们教育儿童，就要根据儿童的需要的力量为转移。有的儿童天资很高，他的需要力就大些；有的儿童天资很钝，他的需要力就小些。我们教育儿童，就要按他们的需要的力量若何，不能拉得一样。比方：吃饭，有的人饭量大些，他要吃五碗或六碗；有的饭量小些，他只能吃一两碗。我们对于他，就只能听其所需，不能定下死规。要是我们若规定了，比如吃两碗的定要逼他吃五碗才及格，那么，这一定就要使人生病了！学校地教育儿童，也像这样，不能下死规强迫一律。不但学校是要如此，就是社会上的工做亦莫不要像这样。我们人的需要力，有大有小，我们只求其能够满足他的需要就是了。所以教育儿童和承认儿童是活的，首先就要能揣摹儿童的心理。

儿童不但有需要，并且还有能力。他对于种种事体的需力有大小，他的能力亦有各种不同。男女遗传下来的生殖不能一样，他们的能力亦不能一样。我并不是说女子比男子差些，我是说男女各有各的优点。就是男子与男子俩相比较，亦有许多相异的能力，有因年龄不同的，有因环境不同的，有因天性不同的。由这许多的不同，所以其结果的能力，就大有差别。我们教育儿童，就要顺导其能力去做去。比如：赛跑，这就是一件凭能力的事。我们认定几个人同时同地立在一块，听指挥者发号令，就一齐出发，让他们各凭充分的能力自由前进，不加限制，然后谁远谁近，自可显见。而他们的能力的大小，也就由此可以证明了。设使我们要是下个定规，规定三人赛跑，跑一百二十码或二百四十码，快慢都要一样，不许谁先谁后，那么，那个能力充足能跑二百四十码，他自然是很舒畅，不甚为难；而那只能跑得六十码或一百二十码的，他一定是很苦的了，甚至还要受伤呢！这是从运动方面着想的，至于教授方面，亦多类此，设有许多儿童，同在一堂，当教授的人，就要按照个个儿童的能力去教授。要是规定了今天讲一课，明天讲一课，每课虽是都一字一句的分析解释，在那天资聪颖的小孩子咧，他固然能够领受到他的脑袋里去，并且还有闲空；若在那秉性鲁笨的小孩子，那就等于对牛弹琴了，一些儿也不懂得。这种教育，正像规定三人赛跑一般，还能算得是活的教育吗？我们现在既是要想讲活的教育，就要知道儿童的能力是不相同的，我们要设法去辅助他，使他能力发展。有如我们看见某处一个学校园，那里内的花卉长得非常整齐好看，我们心下羡慕他，我们也就可以仿照他，将我们自家的学校园也培植得像那一样。这是培植花园的方法，办教育也是如此。我们大家设若不相信，恐怕做不到，我们可再看譬如有一块草地，那地上所生长的草，都是参差不齐的，我们若任他自然去生长，那就越长越不齐了，假若我们要用机器把他逐次地推铲，那么，这一定要不了多少功夫，就会使他平坦了。我们办教育，也就像推草一样，也要用方法去使之平，这是对于草是这样——对于普通的儿童是这样；[①] 若对于树木——对于天资特敏的小孩

① 陶行知在致《学灯》记者的信中指出：“‘我们办教育，也就像推草一样’，因为前后遗了几句，就和我原来的意见正相反了。”

子——那就不行了。树木的生长力强些，他的性子也猛些，我们对于他也要按其能力去支配他，使其生长适度。若任其自然生殖，则其枝干必日渐伸张，后来越长越高，甚至把屋棚都要捣破了！学校里起风潮，就像大树捣毁屋棚，是一样的，都是由于办教育的人，平日对于这教育的趋向，没有注意，对于那天资高尚的儿童，没有按得其能力去教育，这就是我们没有承认儿童有活的能力。

活的小孩子与死的小孩子有不同的特点。小孩子他所吃下去的滋养料不同，他们所受的利益也就不能一致。活的小孩子，他秉性活泼些，他对于一切的事实上，也就进步得快些。死的小孩子，他的脑筋滞钝些，并不是说小孩子的确是死的，是言其能力不能有多大的发展，虽活也等于死的一般。我们办教育的人，总要把小孩子当作活的，莫要当作死的。地球看起来，好像是个不动的东西，其实他每天每时都在旋转不已。小孩子也同这样：表面上看起来，也好像是很平常的，没有什么进益；其实他的能力知识，莫有一天不在进行中求活。我们就要顺着他这种天然的特性，加以极相当的辅助和引导，使他一天进步似一天，万不能从中有所阻碍或滞停，不使前进，把他束缚了起来，束了若干时，然后又陡然把他解放掉，这一定要受危险的。这好像人家有个小孩子，他把他在今年做了一件衣服，等到五年后，他还拿给这小孩子穿，那小孩子体干长大了，衣服小了，以这小的衣服去给大的孩子穿，那衣是一定要破裂的。纵或可以勉强穿得上，而小孩子的身体，也就束缚得急急的了，血脉也就不能调和，就要生病了！由此可知小孩子的衣服，是年年要换的；小孩子的知识、学问，也是年年天天要换的。现在没〔设〕有一个人，忽然妙想天开，他说：“我有个小孩子，我不要他年年换衣，当他还只有五岁的时候，我就把他做件十六岁时候的衣服，周身都把他绉起来，年年穿，年年放，以〔一〕直放到十六岁的时候，都还可以穿。”这个法子，勉强一看，觉得也还不大坏，并且又很经济的；但是仔细看来，那就觉不像了，就是精神上也就有点不好看。古时的衣服不能适合于现在，现在的衣服未必又能适合于将来。时势的变迁，是有进无已的。办教育的，就要按着时势而进行，依合着儿童的本能去支配。有许多教科书，在从前要算是很新很适用的，在现在却变成了腐败不堪了。我们讲活的教育，就要本着这世界潮流的趋向，朝着最新最活的方面做去。中国教育最大的毛病，就是不能普及。从前俄国的西伯利亚也是这样，但比较中国要好些。中国社会上失学的人，也不知道有多少，就以普通人民计算，总有三分之一〔二〕不识字的。我们现在要想将这些人重新给以教育，那除非要从国民一年级教起。但是他们都是壮年的居多，要是都放在国民一年级教，那又好像十六岁的孩子穿五岁时候的衣服了。这种教育，可算得是死的教育。活的教育就不能这样了。活的小孩子，他生长快，他的进步也快。他一时有一时的需要，一时有一时能力。当教育家的，就要设法子去满足他的需要，就要搜罗相当的材料去培植他。这就是我们所讲的活的教育第二件。

我现在再讲活的教育要些什么材料。这材料也可以分做三段说。

一　要用活的人去教活的人。我们要想草木长得茂盛，就要我们天天去培植他，灌溉他。我们要想交结个很活泼的朋友，就要我们自己也是活泼的。我的影响，要使能感到他的身上；他的影响，也要在我身上，这才可以的。比如：我俩人起先是不相识的，后来遇到了好几回，在一块儿谈了一次，于是两下的脑筋里都受了很深的影响，两下的交情也就日渐浓厚了。当教员的，对于学生也要这样。也要两下都是活的，总要两下都能发生密切的关系。教员的一切，要影响到学生身上去；学生的一切，要影响到教员身上去。一个会场有的人好谈话，有的人好笑，我们看了，心下一定也会生了一种影响。比如：我一人在台上讲演，大家都坐在下面听，我的脑筋中已经印象了许多听讲的人，想大家的脑袋中，也会印象到了我讲演的人，这也就是一种活的表现。活的教员与活的学生，好像汽车一样，学生比譬是车，教员比譬是车上司机器的；机器不开，车自然不动。教员对学生，若不以活的教材去教他，他自然也就不能进步。现在的教员，不像从前了。他像把汽车上机子开了，车子在跑了。但是还有些教员，他的性子未免太急，他把车上的机器开猛了一点，车子行的太快，刚刚要想收机，忽然前面碰到了石头，或其他的人，这时就要发生很大的危险了。活的教员，正同司汽车的一般，要把眼睛向前看准了。若闭着眼睛乱开机，那就要危险极了！学生向前进，教员也要向前进，都要一同并进。若徒以学生前进，而教员不动，或者学生要进而教员反加以阻碍，这可谓之死的人教活的人，不能谓之活的人教活的人！

二　拿活的东西去教活的学生。我们就比如拿一件花草来教授儿童，将这花草把他解剖开，研究其中的奥妙，看他是如何构造的。小孩子对于这事，觉得是很有趣味的。我们能以这种种东西去教他，不但能引起他活泼的精神，并且还可以引起他的快乐。我们还可以拿活的环境去教他，比方沙漠本是干燥的，我们可以设法使他出水。大海有时能变成陆地，太平洋里航船到美洲，本不大便利，于是就有人开了巴拿马运河。火车行山路不便，就会把山打个洞。这就是拿活的环境去作教育上材料的。文化进步，是没有止境的；世界环境和物质的变化，也是没有一定的。活的教育，就是要与时俱进。我们讲活的教育，就要随时随地的拿些活的东西去教那活的学生，养成活的人材。

三　要拿活的书籍去教小孩子。书籍也有死的有活的。怎样是活的书籍？我觉得书籍所记载的，无非是人的思想和经验，那个人的思想经验要是很高尚的，与人生很有关系的，那就可算是活的书籍；若是那著书的人思想经验都没有什么价值，与人生没有关系，那就是死的书籍。我们教授小孩子，对于书籍的死活，就不能不慎重。所教授的书籍，要有统系的，前后都能连贯得起来，不是杂乱无章的，这才是活的教育。若只知道闭着眼睛教死书，也不顾那书适用不适用，这样我敢说就是死的教育。我们教授儿童的书籍，好像人家传财产样，普通有两个常法子：（甲）是传财的法子。比譬一家，他的家主不愿管事——或临死时——了，要把家事完全推及小家主，将所有存蓄的银钱，都要对小家主说过明白，叫他慎重。（乙）是传产的法子[①]，就是有本账簿子，说我所有的产业，都登在这账上面。那天那家主把他的后人带到各田庄上去看，说是某田是租给某人的，

---

① 陶行知在致《学灯》记者的信中指出：“‘传财’与‘传产’当是‘单传账簿’与‘对着账簿点明产业交代后人’之误”。

某庄子是某人承租的，那块山场是由某人保承的，某处房屋是谁租着做什么事的；这样一件一件的指示给他看了，又与那账簿子再对照一下，那么，这个财产的根本，他那小家主已经明白了，这笔家私就没有人能够会糊倒他占得去了。我们办教育的传文化的人，也是这样，也要把书籍像传财产一样，要把所教授的东西，都能使他领会得到，能连贯得起来，使小孩子的脑筋有个统系，不致混乱。这种教育，才配说是活的。从前有许多讲教育的，没有统系，所以使一般学生听了，只是囫囵吞枣，一点不能受益，这也就是死的教育，不是活的。活的教育要拿活的书籍去教。现在还有许多教员先生们，他对书籍还不十分注意，当他初当教员的时候，也还肯买一两本书看看，到了后来，他不但不买，连从前所有的几本书，都借给人去了。这样教员，教育界中也不知道有多少。他既不能多买书看，对于一切新知识，他自然是不知道的。他既不能有新的知识，那一定没有新的教材能供给学生，只是年年爬起来卖旧货！这种教育中的败类，真不知害了多少青年。我们现要希望教育成活的，当教员的就要多看书——多看些活的书，好去供给学生的需要养成新而且活的学生——这就是我讲的Education of life[①]。

现在要讲到活的教育的方法。我可提出两个最时髦的法子，就是：

（1）设计教授法[②]。活的教育，最好而且最时髦最紧要的，就是总要有个目的。这我在上面也曾说到了一点。我们教授儿童，先要设定一个计划，然后一步一步的向着所计划的路上去做。若是没有个计划，那就等于

---

① Education of life，意为“生活教育”。

② 设计教授法，通译为“设计教学法”，是美国进步教育运动中出现的一种教学制度。“设计”一词是1900年由哥伦比亚大学劳作科主任理查德在论述中学劳作教学时提出的。1908年，史蒂文逊将设计的方法运用于中学的家庭作业，称“家庭设计”。1918年9月，美国教育家克伯屈在《设计教学法》一书中对此方法做了归纳、阐述。人们一般以克伯屈作为此法的代表人物。该教学法倡导学生在实践中自动、自发地进行有目的、有计划、手脑并用、获得完整经验的学习活动。20世纪20年代，设计教学法传入中国，流行于一些小学；30年代后，采用此法者渐少。

一只船放到了江中没有舵，进退右左，都没有把握！倘不幸遇了一阵大风，那一定逃不了危险的！办教育的人，要能会设计。预知学生将有风潮，就先要设一方法，使那风潮却从无形中消灭，不致使他发泄。知道学生程度不齐，就要设一种计策，使之他〔能〕齐，总期各方面都无损，且能获益。这种设计，各学校的情形，各有各的不同，各地方亦有各地不同，这可听大家因时制宜，我不能断定。

（2）依计划去找实现法。这个方法，大致是根据上面来的。我们定了一个计划，不能就算了事的，必定还要依照这计划去实行去。我现在可拿个浅近的事作个比譬：就如农人种豆子，他先也要定个计划，以几亩田能要几多种子，要多少肥料，又要多少人工去做，要经多少时期才能完工；什么地方种绿豆适宜些，什么地方种黄豆适宜些，还有甚地不适于种豆子，适于种山芋。这样计划了一番，然后兴工动作，按这所计划的进行，这必定是有条有理，不致乱忙；而所收的结果，也一定是很丰厚了。

由此类推，办教育亦莫不是这样。一个学校，也先要定个计划，然后去依计划实行。例如那级学生今年应当注意什么功课，某级学生今年应当添什么功课和减什么功课，某教授教授法不好应当怎样，能这么一样一样的计划好了，然后又按照这个进行，那个学校没有办不好的道理。推之修桥修路和其他种种建设，都能依着这样进行，求到所希望的目的，那么，天下事绝没有不可能的。现在我看有许多地方，他一开个什么会，他预先没有计划。到了临时开会了，不是招待员左右乱跑，就是会场上布置得不周全，往往令来宾有兴而来，败兴而归。这都是由于预先没有一定的计划。俗语所谓："平时不烧香，急时抱佛脚。"这事决不会办得好的。我们谈教育的，就是在这上面注意注意。无论是办大学也好、中学也好、国民小学也好，总要预先有个计划，然后依着计划去找实现。有时计划定得不好也随时变更。比如我们讲化学，今天就要计划明天化学堂上要些什么东西试验。我们预先就要预备好着，省得临时惊皇失措。诸如此例，我也不必多举。我总觉得，设计教授法是活的教育上最不可少的；依计划去找实现法，那更是一件要紧的了。这就是我所讲的 Education by life①。

我现在又要讲我们为什么要讲活的教育，因为活的教育，能使我们有种种活的能力。我们人生有高尚的，有低微的；有暂时的，有永久的；有完全的，有片面的。我们要使暂时的生活，能够叫他永久；片面的生活，要使他能完全；低微的要使他高尚。怎样叫做完全？我们在国家是公民，在社会上有朋友亲戚，在家庭里有父母兄弟姊妹，在学校里有同学、有师长。我们一身对于自己，对于各方面，都要顾到。如果一方面不能顾到，这还是片面的。怎么叫做高尚的？我觉得人们的身体和精神是两样的，各有各的生活。身体上生活固然要紧，精神上生活也是要紧的。设使两者要去其一，那就是我们最不幸的一件。我们总要使得我们的身体精神，都要很健全的愉快的。这可就算是高尚的生活，反之就是低微的生活。都是有关系于教育上的。再怎样谓之永久和暂时的生活？我们人的寿命有长短不一，有二三十岁就死的，有七八十岁才死的；有十几岁就死的，也有八九十多岁才死的。说者多谓生死有定，但这可不能为凭。我想人的生命的长短，大致是关系于人的操作和卫生上的。从来人的死，多是由病的。考病之由来，不外两种：（一）是由人的操动过度致伤身体而殒命；（二）是由人的卫生上没有讲求，以致生出了许多毛病终至因而送命；决没有无病无灾而好好就会死的。——纵有，也是很少很少的，但亦必定有其他原因。要说人的生死有定，何以人不好好的就死，而偏要生病才死咧？这种无稽之谈，我是不盲目崇拜的。我觉得人的生活，所以有暂时和永久的，都是根据于卫生和操作的关系。我们现在讲活的教育，就要明白这种关系，然后好去预防他，保护他，谋永久的生活。我在上海南通参观各工厂，有许多六七岁的小孩子，都跟在他的母亲父亲身边下做工。我看他们那些小孩子，都是很瘦的，精神也很衰败的。这都是那些贫民没有钱给儿童受教育，国家亦莫有钱能办这种义务教育。——有些资本家倒是很有钱的，但他只知道营业获利，不肯拿钱来办这可怜的教育。所以，那些小孩子就没有机会受教育，只得附随其阿父阿母作工以度日。五六岁的小孩子，尚有

① Education by life，意为“依据生活而教育”。

许多生殖器还没有长完全，现在竟居然要他工做。这种不适宜的使用，一定会使那小孩子身体不得强健，甚至还要早死的。譬如树上的果子，还没有成熟，你就把他折〔摘〕下去吃，那是一定吃不得的。小孩子还没成人，就要使用他，他的前途一定是很有限的，将来一定要发生危险的。像这样只顾眼前不顾后来，就可谓之暂时生活，不是永久的生活。现在讲活的教育，就不能不注意这一层。

活的教育也有属于抽象的，叫做精神上活的教育。比方一个人死了，他的机能死了，他的躯干倒了，他的精神是没有死，还存在空中，能使我们还受到他的影响。这也似乎是种渺茫之谈，我本不敢怎么样的贡献于大家，因为各个人的观念不同；但是有时我觉得大家也可以公认这话有点的确〔道理〕。例如孔子是死了，他的精神还没有死，还影响着在我们大家身上。我们大家的脑袋中都还印象了有个孔子。历来许多大英雄、大豪杰，他的身子虽已物化了，但他的勇气毅气，还是贯传着在我们大家的脑海中，这也就是精神上还没有死。他的精神可以一代一代的向下传，可以传许多人，不只传一人。一个活泼学生的精神，可以传应到许多学生。比如：我的精神传应着在大家身上，也可以传应到社会上去。这种传应，并是很快的。我们讲活的教育，对于这精神上的传应，也要注意，也要求活的精神。精神也有死有活的。活的精神，就是能使人感受了他，可以得到许多的教训。社会一日不死，各方面精神的传应，也是不死的。我觉得社会上受了这种精神的教育，也不知道有多少。这种精神上的教育，最易感动人的，能连络一切。我从前与许多朋友住在一块，后来别了好多年，没有见过面，形势上要算疏忽了，但是精神上还是没有分离。这就是一种活的精神的表现。我希望讲活的教育，也要把这活的精神当作活的教育里一件材料。这就是我讲的 Education for life①。

---

① Education for life，意为“为了生活而教育”。

孟禄夫人送玩具[①]

——给桃红、小桃[②]的信

桃红、小桃：

你们两个人真正好，你们写给我的信都收到了。多谢得很！因为南京打仗，信在南京搁下了，到前天才收到。桃红问我为什么长胖了，我也不晓得清楚，大概是按良心做事，心里快乐，所以身体长胖。

孟禄夫人前天从美国到上海，送了两盒玩的东西给你们。大盒是送桃红的，小盒是送小桃的。大盒难玩些。小桃大些的时候，大桃可以借给他玩玩。你们每人都要写一封信谢谢孟禄夫人，收到了就写，要写你们心里的话。写好了寄来，我给你们翻成英语，一齐寄到斐利滨[③]去给她。斐利滨是什么地方呢？请阿姑[④]教你们。不晓得的，就可以写信问问孟禄夫人。好不好？若是好，就问她。你们写给孟禄夫人的信，要自己写，写在好纸

---

① 本文录自亚东图书馆 1929 年版《知行书信》。本文写于 1925 年 1 月 18 日。孟禄，即保罗·孟禄（Paul Monroe，1869—1947），美国教育家，1897 年获芝加哥大学哲学博士学位，1902 年任哥伦比亚大学师范学院教授，1915 年任该院院长。他是陶行知留学美国时的老师之一。1921 年 9 月，孟禄来华进行教育调查时，陶行知曾参与其事，并陪同他前往广州，参加全国教育会联合会第七届年会，参与“新学制草案”的讨论。1925 年 1 月，孟禄偕夫人再访中国。此次来华，专为成立和运作“中华教育文化基金董事会”事。

② 桃红，即陶行知长子陶宏，时年 10 岁。小桃，即陶行知次子陶晓光，时年 7 岁。

③ 斐利滨，通译为“菲律宾”。孟禄夫妇此次访问中国后，回程还将顺访菲律宾，所以陶行知准备将信寄往此处。

④ 阿姑，指陶行知胞妹陶文渼（1895—1929）。她丈夫病故后，便一直与陶行知一家生活在一起，帮助陶行知照料并教育孩子。

上，要写得干净。

新年我不在家里，请你们两个人代表向太太①拜年，向你们的母亲②、阿姑恭贺。熊先生、熊太太③、晏先生、晏太太④都请你们两个人恭恭敬敬的代表我去拜年。不要忘记。拜年的时候，脸和手要洗得干干净净；衣服、帽、鞋、袜都要穿戴得整整齐齐。话不在多，却要说得得体，说得好听。请阿姑教你们。

十四年一月十八日

---

① 太太，指陶行知的母亲、桃红和小桃的祖母曹翠仂（1867—1933）。

② 母亲，指陶行知的妻子汪纯宜（？—1936）。汪纯宜，详见《幼稚园艺友——给纯宜的信》注。

③ 熊先生、熊太太，指香山慈幼院院长熊希龄和熊希龄夫人朱其慧。熊希龄（1870—1937），1903 年主办常德师范讲习所、常德西路师范和常德中学。1905 年出洋考察宪政，次年回国，仍返湖南办学。1913 年 8 月任国务总理时提出“国民教育以师范为先”。1914 年 2 月辞职，从事救灾、教育和慈善事业。1918 年在北京香山静宜园筹办香山慈幼院（1920 年正式开院），同时强调教育与实践相结合，主张男女平等、因材施教，重视道德教育。曾制订《儿童习礼法》145 条。朱其慧（1876—1931），幼承家学，文理俱佳。与熊希龄结婚后，协助熊希龄办理新式教育设施。1922 年加入中华教育改进社，支持陶行知等人发起筹备中华平民教育促进会。1923 年 8 月，中华平民教育促进会总会成立，朱其慧被推选为董事长。

④ 晏先生、晏太太，指中华平民教育促进会总会总干事晏阳初及其夫人。晏阳初（1890—1990），中国近现代平民教育家。在成都中学毕业后，于 1913 年入香港圣保罗书院（香港大学前身）读书。1916 年秋转美国耶鲁大学就读，1918 年毕业，获得学士学位。后又入普林斯顿大学研究院，获硕士学位。1920 年回国，在湖南、山东等地开展平民教育运动。1923 年，中华平民教育促进会总会成立，他不久任总干事至 1949 年。他的代表作有《平民教育概论》《平民教育的真义》《农村运动的使命》等。其夫人许雅丽（1895—1980），美籍华人，毕业于哥伦比亚大学体育系。1917 年，她来到上海，在女子体育师范任教。1921 年 9 月 23 日，与晏阳初结为伉俪，并协助其开展国际、国内平民教育运动。

民国十三年中国教育状况·学龄前教育和幼稚园教育（节录）[①]

在新学制[②]中，幼稚园教育占有一定地位。幼稚园[③]主要招收六岁以下的孩子。师范学校，尤其是女子师范学校的实习学校，一般都附设幼稚园，也有私人和教会办的幼稚园。但幼稚园的数目仍相当少。幼稚园给孩子们提供了一个积极的自我表现以及孩子和教员相互了解的机会，所以，目前迫切需要有足够多的学校来培养幼教师资。江苏省于 1924 年 1 月召开的省教育行政会议，通过了一项加强培训幼教师资的决议，这是人们认

---

① 本文录自四川教育出版社 2005 年版《陶行知全集》第 6 卷。本文节选自《民国十三年中国教育状况》，撰写时间当为 1925 年上半年。该文由陶行知与程其保合撰，系英文论著，是中国教育代表团参加 1925 年“世界教育联合会”年会所提交的论文之一。程其保（1895—1975），江西南昌人，系哥伦比亚大学博士，时任东南大学教职。本文所摘，为“（二）各级学校”中的第一点。原小标题为“学龄前教育和幼稚园教育”。本文除简明介绍了中国幼稚园的近况外，还特别介绍了中国今后幼儿教育的努力方向。由此看来，早在 1924 年，开办“乡村幼稚园”和设立“幼稚师范院”，便已在陶行知的心中酝酿。

② 新学制，即“壬戌学制”，1922 年 11 月北洋政府所颁布的《学校系统改革案》中提出的学制系统；是年为农历壬戌年，故区别于民初的“壬子癸丑学制”，亦称“新学制”。该学制把小学、初级中学、高级中学的修业年限分别定为六年、三年、三年，又称“六三三制”。其后几经修改，其基本框架未变，沿用至 1951 年废止，对中华人民共和国学制仍有影响。

③ 幼稚园，系民国中后期幼教设施的法定名称。它由 1922 年颁行的“壬戌学制”所定名。该学制规定“幼稚园接受六岁以下之儿童”，正式确定幼稚园为学校系统的第一阶段。幼稚园既可附设，也可单设，招收 3～6 岁的男女幼儿入园受教。

识到了这种必要性的一种迹象。湖南教育会①今年也倡导在城镇创办更多的幼稚园。江苏义务教育期成会②还建议在小学低年级采用幼稚园教育方法。另外，国立东南大学陈鹤琴③教授所指导的幼稚园教育实验，也是意义重大又令人鼓舞的。他和他手下的工作人员有感于目前在幼稚园教育中所使用的一些教材和教法都是照搬外国的，其中有一定不符合中国儿童的实际，所以在 1923 年秋季开始用自制的玩具，中国的儿歌、童话以及其他的教材在幼稚园中进行实验④。他还打算使幼稚园不仅成为幼童教育的中心，而且成为培训母亲的中心。中华教育改进社和陈教授已同意通力合作，在他的计划中列入一项最经济实惠的幼教实验，以便尽可能多的各界民众能够照样举办。

---

① 湖南教育会，系湖南省当时成立的地方性教育社团，旨在推进义务教育。

② 江苏义务教育期成会，系江苏省当时成立的地方性教育社团，由袁希涛发起创设，并自兼会长。该会主持了多项义务教育实验，并发起“师范教育下乡运动”，旨在培训乡村教师，探寻普及中国乡村教育的途径。

③ 陈鹤琴（1892—1982），中国教育家、儿童心理学家，浙江上虞人。早年就读于上海圣约翰大学、北京清华学校。1914 年赴美留学，1918 年获哥伦比亚大学师范学院教育硕士学位。1919 年回国后，任南京高等师范学校专任教员，主讲教育学、心理学。1923 年，在家中开办幼稚园，开展幼教实验。1925 年，将此单设为鼓楼幼稚园，深入进行幼稚园课程、故事、读法等实验。后以此为依据，主持拟订了《幼稚园课程暂行标准》。1940 年，创设江西省立实验幼稚师范学校，提出“活教育”理论。系陶行知故交、挚友。

④ 此实验得东南大学教育科的资助，聘请卢爱林（H. M. Rawlings）、甘梦丹、钟昭华为“指导员”，招生 12 名，冠以“东南大学教育科实验幼稚园”，陈鹤琴自兼园长，开展幼教实验。

半周岁的燕子矶国民学校[1]

——一个用钱最少的活学校

燕子矶[2]国民学校的官名叫作北固乡区立第一国民学校，设在南京神策门[3]外的燕子矶，离神策门约有十三里的路程。这个学校已经开了好多年，但他的新生命的起点是在今年正月。那时丁超调任这校校长，从事改造，为他开一新纪元。我们说他为半周岁就是为这个新纪元说的。我参观

① 本文原载于1924年8月4日《申报·教育与人生》第四十二期，后于1928年收入陶行知自编的教育论文集《中国教育改造》。1924年7月3—9日，中华教育改进社第三届年会在南京东南大学召开。会上，陶行知被公推连任改进社主任干事，于是力谋扩充改进社事业，并主持制订了改进社下年度的工作方针："适合本国国情，满足生活需要。"为此，陶行知将查访、调研、介绍典型学校列入了工作计划。年会结束后未久，陶行知便邀约赵叔愚共同踏访了燕子矶国民学校。此后燕子矶乡村幼稚园的创办，借助于该校之处也实在不少。陶行知用"穷办法"来"普及穷国教育"的主张，更是萌发于此次参观。故此，这篇参观记不仅介绍了一所学校"新生命的起点"，而且也成为陶行知重新选择教育道路的"新生命的起点"。

② 燕子矶，南京郊外地名。它位于长江之滨的直渎山上，海拔36米。因石峰突兀江上，三面凌空，远望若燕子展翅欲飞而得名。传说乾隆皇帝下江南时，船队曾停泊于此，因此矶顶建有御碑亭一座，碑刻乾隆手书"燕子矶"三字。燕子矶国民学校便坐落于矶下。

③ 神策门，明代洪武年间所建南京城十三门之一，1928年改称和平门。

这个学校是和本社乡村教育研究员、东南大学乡村教育教授赵叔愚[①]先生同去的。我们走进这个学校，四面一望，觉得似曾相识。因为我们在这里所看见的都是我们心目中所存的理想，天天求他实现而不可得，不料在这个偏僻的地方遇到，真是喜出望外。现在我要把我们参观所得的，报告出来，公诸同好。

校长是一个学校的灵魂。要想评论一个学校，先要评论他的校长。丁校长[②]是陆军小学出身，并经过甲种师范讲习科[③]的训练，未任本校职务之前曾在尧化门国民学校充任校长八年，著有成绩。我们看他的人，听他的话，察他的设施，觉得他是个天才的校长。他能就事实生理想，凭理想正事实。他有事实化的理想、理想化的事实。他事事以身作则。他是教员的领袖、学生的领袖，渐渐的要做成社会的领袖。

这个学校不但教学生读书，并且教学生做事，做什么？改造学校！改造环境！学生是来读书的，教他做事，自己不情愿，父母不情愿，这是第一个难关。教员是来教书的，要他教学生做事，固不情愿实在也是不会，这是第二个难关。教学生读书易，教学生做事难。如何打破这两道难关？一要身教，二要毅力。丁校长教学生做事的成功也是在这两点。他起初的时候整天拿在手里的是钉锤和扫帚，所以那时有人讲他是位钉锤校长、扫帚校长，但是久而久之，教员跟他拿钉锤、扫帚了，学生也跟他拿钉锤、

---

① 赵叔愚（1888—1927），原名崇鼎，以字行。祖籍河南新乡，生于北京。1918 年毕业于金陵大学农科，任直隶农业厅农业视察员。1922 年赴美国留学，研究乡村教育。1924 年夏，获硕士学位后归国，与陶行知结交，兼任中华教育改进社乡村教育研究部主任。1926 年底，与陶行知共同筹创晓庄师范。该校设立后，兼任第一院（普通师范院）院长，全力协助陶行知办学，共同试验乡村教育理论。1927 年 9 月病逝于任上。主编《乡教丛讯》，著有《乡村教育丛辑》《农村教育参考材料》等。

② 丁校长，即丁超，字兆麟。

③ 甲种师范讲习科，清末民初养成小学教员的特别制度。要求附设于师范学堂（校）之内，招收高等小学毕业或具有同等学力者。甲种师范讲习科修业一年，以养成小学副教员为指归；乙种师范讲习科修业两年，以养成小学正教员为指归。

扫帚了。教员变做钉锤、扫帚的教员，学生也变做钉锤、扫帚的学生了。丁校长于是开始偕同教员学生合力改造学校、改造环境。

校址是在一个关帝庙里。关公神像之外还有痘神、麻神①等等。这些神像已经把课堂占去了大半个。丁校长一方面要教课堂适用，一方面要免去地方反对，就定了一个保存关公、搬移杂神的计划。他就带领学生为关公开光，把神像神座洗刷得焕然一新，并领学生们向关公恭恭敬敬的行礼。他再同教员学生把这些杂神的神像移到隔壁的庙里摆着。他们又把那个庙打扫得干干净净，把这些杂神安排得妥妥当当，大家也行个礼。杂神搬出之后，这个课堂又经过了一番洗刷，加了些灰粉，居然变了一个很适用的教室。村里的人看见关公开了光，杂神安排得妥当，又听见学生报告向神行礼的一番话，不但不责备校长，并且称赞校长能干。

校内干好了，进而求环境的改良。燕子矶即在近边，他就带领学生栽树，从门口栽到燕子矶顶上。风景一变。造林场栽树，十活一二；丁君栽树，栽一棵活一棵，也是他从经验中得来的。燕子矶坡上因有人时倒垃圾，太不洁净，丁校长就领学生们把所有的垃圾扫除一空。村民不知卫生，仍是时常把垃圾倒在此处。但村民一面倒，他就一面扫；村民倒一回，他就扫一回。后来邻居渐渐的出来责备倒垃圾的人，燕子矶头从此清洁了。

教学生做事的第一个影响就是全校无事不举：屋角上、桌缝里都可以看见精神的贯注。第二个影响就是用不着用人做事：打扫，泡茶，及一切常务都是大家分任，所以这个学校没有门房，没有听差，没有斋夫②。第三个影响就是学生得了些合乎生活需要的学问：学生在学校里既肯做事、会做事，在家里也肯做事、会做事了；父母因此也很信仰学校了。第四个影响就是省钱：这个学校连校长有四位职员，五级学生共有一百二十四个人，但每年只花费公家六百二十四元钱。平均每个学生只费五元钱。学费

① 所谓“痘神”，即为祈免传染性疾病痘疮（天花）所供奉的神像；所谓“麻神”，即为祈免传染性疾病麻风病所供奉的神像。

② 斋夫亦称伙夫，即食堂炊事员。

是一文不收的。这是何等的省钱啊？省钱不为希奇。省钱而有这样的成效，却是难能可贵的。

公家经费只有此数，设备一项宜乎因陋就简了。然而照我们所观察，比同等的学校好得多。就图书而论，这个学校里有教员参考书二十余种，学生读物四十余种，可谓选得妥当。

我见学生读物摆得有条有理，就问他买书的钱怎样来的。校长说每逢年节、午节、秋节①，学生例送节敬，我们却之不情，就拿来买些书给大家读读。再学生有一种储蓄买书的办法：每天储蓄一两个铜版，我们就把这笔钱拿来代学生买书。这是一种大家买书大家看的办法。每人出几角钱，就可得几十块钱的书读。出校的时候，学生还可把自己的书带回去，这是穷学校阅书最好的办法。

我再举一个例。学生喝茶的茶杯总要每人一个才合卫生之道。平常小学都是用公共茶杯，很不妥当。燕子矶国民学校却是每生一个茶杯。每人从家里带一个茶杯来，放在学校里，自己洗，自己管，自己用。茶水每人每星期出铜版两枚合办。茶水是公共的，茶杯是个人的，都是由学生自给的。

这个学校的教职员是很勤劳的。校长自己也教四堂②。校长薪金每月二十元。教员薪金十四元的一人，十二元的一人，六元的一人。他们星期日只放半天学，暑假完全不放，学生在学校里补习各种家常实用的功课。燕子矶多水，父母不放心，所以不大愿意学校放假，学校肯得依从父母有理性的心理，所以很得社会信仰。

平常办学，学校自学校，社会自社会，不要说联络，连了解也说不到。丁校长接事只有半年，对于燕子矶社会情形了如指掌。他并能得地方公正绅士之信仰和帮助。学校因此无形中消除了好多障碍。

这个学校还给了我们一个很重要的暗示。乡村学校最怕的是教职员任职无恒，时常变更。在这种情形之下，研究设施都不能继长增高，真是可

① 年节、午节、秋节，即春节、端午节、中秋节。

② 所谓“四堂”，所指为四节课。

惜。丁先生所以能专心办学，一部分也是因为他的夫人能够和他共同努力。他的夫人也是本校的教员，特别担负女生的责任。她在这里服务是带一半性质。他们所组织的俭朴家庭同时是乡村家庭的模范。我想未来的乡村学校最好是夫妻合办。如果男师范生和女师范生结婚之后，共同担负一个小乡村的改造，也是人生一大快事，并是报国的要图。

我们再看看这个学校普通的进步。去年校中只有学生七十八人，今年已经加到一百二十四人。去年女学生寥寥无几，今年因丁夫人之教导，已经有了三十余人了。去年本地有私塾四所，现在只有一所了。由此可见这半年进步敏捷之一斑。

现在办学的时髦方法：一是要求经费充足。有钱办学不算希奇，我们要在没有钱的学堂做出些精彩来，才算真本领。二是聘请留学生做教授，有西洋留学生更好，西洋留学生中有硕士、博士头衔的更为欢迎。这个偶像是要打破的。像燕子矶这样一个学校，西洋博士能否办得起来还是一个问题。容或是有的，我却没有看见过。

这个学校是有普遍性的。他可以给一般学校做参考的。他也有缺点，但只是时间上的问题。我们很希望大家起来试试这种用钱少、成绩好的（活）教育①。

叔愚先生和我对于这天的参观，觉得快乐极了，也受了无限的感动，回时路上遇了大雨，一身都是水了，只听叔愚先生连说："值得！值得！值得！"

---

① 在收入《中国教育改造》时，此句中的"教育"改为了"活教育"。

评陈著之《家庭教育》①

——愿与天下父母共读之

此书为东南大学教育科丛书之一，系近今中国出版教育专书中最有价值之著作。全书分十二章，立家庭教育原则一百零一条。前两章述儿童心理及普通教导法，为提纲挈领之讨论；后十章都是拿具体的事实来解释各项建议之涵义。在这书里，小孩子从醒到睡、从笑到哭、从吃到撒、从康健到生病、从待人到接物的种种问题，都得了很充分的讨论。这些讨论，对于负家庭教育责任的，都有很具体的指导。

① 本文系陶行知为陈鹤琴《家庭教育》所作的序言。该书由商务印书馆1925年7月初版。初版时的篇名，为《陶知行序——愿与天下父母共读之》；同年12月11日在《新教育评论》（第一卷第二期）发表时，定名为《陈著之〈家庭教育〉（书评）——愿与天下父母共读之》。1928年4月，陶行知将本文收入自编的教育论文集《中国教育改造》，并改定篇名为《评陈著之〈家庭教育〉——愿与天下父母共读之》。本文录自《新教育评论》（第一卷第二期），篇名则依《中国教育改造》陶行知所定篇名。《家庭教育》一书，可视为《儿童心理之研究》的姊妹篇，它是陈鹤琴跟踪研究长子陈一鸣成长的具体成果。据陈鹤琴1946年1月在上海华华书店再版该书时的“卷头语”中自称：“在这十八年之中，曾经再版了十来次之多。但不知道究竟有多少父母、多少教师，看到这本书，得到实际的益处。”此书1981年由陈鹤琴重审后，交教育科学出版社再版；此后，还有多家出版社重印，并有绘图本面世。据有人统计，该书的印刷总数已逾百万册。尤其值得注意的是，早在该书初版时，陶行知便肯定了其价值，并预知了其将热销之命运。

书中取材的来源不一，但有一个中心：这中心就是陈先生的儿子，一鸣[①]。著者在《自序》中曾声明各项材料之来源，但未指明一鸣就是这本书之中心人物。倘使我们把这本书从头到尾读他一遍，就觉得这是无可怀疑的。一百多条举例当中，在一鸣那儿来的，就占了七十三条之多。其余的事实只可算为陪客。陈先生得了这个实验的中心，于是可以把别人的学说在一鸣身上印证，自己的学说在一鸣身上归纳。据他自己所说，我们晓得《佛戴之教育》"*The Education of Karl Witte*"[②] 一书，对于他研究家庭教育这个问题是很有影响的。佛戴小时通五国方言，九岁进大学，十四岁得哲学博士，十六岁得法律博士，并任柏林大学教授：都是他的父亲，大佛戴的教育理想之实现。一鸣就是陈先生的佛戴。《家庭教育》一书，就当作《一鸣之教育》看也是可以的。

郑宗海[③]氏的《序文》上说："我阅过之后，但觉珠玑满幅，美不胜

---

① 一鸣，系陈鹤琴长子陈一鸣，生于 1920 年 12 月 26 日。自他出生后，陈鹤琴便逐日以文字和照相胶片记录其成长过程，前后共计 808 天。通过两年多的观察记录，陈鹤琴累积资料达十余本。此后，陈鹤琴又用了两年多时间，利用此记录和相关资料，完成了专著《儿童心理之研究》和《家庭教育》的撰写。所以，陶行知视一鸣为"陈先生的佛戴"。

② 《佛戴之教育》，通译为《卡尔·威特的教育》。著者为老卡尔·威特，写于 1818 年。书中详细记录了他对小卡尔·威特独辟蹊径的教育方法，是世界上论述早期教育的最早文献。小卡尔出生于 1800 年 7 月，八九岁时他已经能够自由运用德语、法语、意大利语、拉丁语、英语和希腊语六种语言（除母语德语外，"通五国方言"），也通晓化学、动物学、植物学和物理学，而尤擅长数学。九岁时，考入莱比锡大学。十岁时，进入哥廷根大学。十二岁时，发表关于螺旋线的论文，受到学者好评。十三岁时，出版了《三角术》一书。十四岁时，由于提供的数学论文卓尔不群，被授予哲学博士学位。

③ 郑宗海，即郑晓沧（1892—1979），名宗海，字晓沧，后以字行，浙江省海宁人。1914 年 6 月，毕业于北京清华学校文科；后赴美国留学，先后在美国的威斯康星大学和哥伦比亚大学师范学院攻读教育学，获教育学学士和教育学硕士学位。归国后，历任南京高等师范学校、东南大学教职，中央大学教育学院院长，浙江大学教育系主任，是国内知名的教育学家。平生与陈鹤琴友善。《家庭教育》初版时，应陈鹤琴之邀，作序列在书首。著有《教育概论》《教育原理》等，译有《予之教育信条》《儿童与教材》《人生教育》等。

收，有数处神乎其技，已臻乎艺术的范围。”这种称赞，并不过分。我现在要举一两个例，来证明陈先生的艺术化的家庭教育。当他讨论游戏式的教育法时，他举了下面一个例：

今天（十三年四月十八日）下午，我手里拿着一只照相机，叫我的妻子把我们的女儿秀雅放在摇椅里。预备要替她拍照的时候，一鸣就疾足先登，爬到椅子里去，也要我替他拍照；我再三劝告他，他总不肯。后来我笑嘻嘻的对他说：“一鸣！你听着！我叫‘一，二，三’；我叫‘三’的时候，你就爬出来，爬得愈快愈好。”他看见我同他玩，也很高兴地答应我。歇了一歇，我就“一，二，三”的叫起来。说到“二”的时候，他一只足踏在椅子的坐板上，二只手挨在椅子边上，目光闪闪的朝我看看。等我说到“三”的时，他就一跃而出，以显出他敏疾的样子。（《家庭教育》，三五面）

一鸣三岁大的时候，陈先生要一鸣把东西玩好以后，整理好放在原处。一鸣不依，他就想了下面说的一个法子：

后来我对他说：“我帮助你一同弄。”我就“海荷”“海荷”的叫着，替他整理起来；他看见我已经替他整理好，也“海荷”“海荷”的叫着，把书籍搬到他的书架上去了。（《家庭教育》，九五面）

他讨论小孩子为什么怕、为什么哭的时候，举了两个例，也可以显出他神乎其技的教育法：

我同一鸣（一岁零十个月）在草地上游玩的时候，他看见一只大蟾蜍，就举起手来向着后退，并且喊叫说：“咬！咬！”我走过去，在地上拾了一根棒头轻轻地去刺着那只蟾蜍说：“蟾蜍，你好吗？”后来他拿了我的棒头，也去刺刺看，但是一触就缩回，仍显出怕的样子，但比当初好得多了。（《家庭教育》，九五面）

有一天，我带一鸣（一岁零三个月）到东大附小去看小学生做戏。做戏的小学生们共有三百多人，戏做得很好，观戏的人大家都鼓掌。在这个当儿，小孩子应当发生惧怕。但我一抱一鸣进门，就笑嘻嘻地对他说："你看这里许多小孩子。"后来看到小孩子要鼓掌的时候，我就对他说："我们也来拍掌。"他一听见小孩子拍掌，也就欢欢喜喜地鼓起掌来。（《家庭教育》，九五面）

父母不会教养，小孩子不晓得要冤枉哭多少回。在这种家庭里面，小孩子早上醒了要哭，吃乳要哭，穿衣服要哭，换尿布要哭，洗脸要哭，拭鼻涕要哭，看见生人要哭，喊人抱要哭，讨糖吃要哭，跌了要哭，睡时脱衣服要哭，一天平均总得要哭十几回。估计起来全中国六岁以下的小孩子每年流的眼泪该有两万万斤。如果做父母的，肯像陈先生这样细心教导儿童，或是采用陈先生的教导方法，我敢说小孩子的眼泪是可以省掉百分之九十九的。

陈先生写这本书，有一个一贯的主张。这个主张就是做父母的对于子女的教育应有一致的措施。中国家庭教育素主刚柔并济。父亲往往失之过严，母亲往往失之过宽。父母所用的方法是不一致的。虽然有时相成，但流弊未免太大。因为父母所施方法之宽严不同，子女竟至无所适从，不能了解事理之当然。并且方法过严则易失子女之爱心；过宽，则易失子女之敬意。这都是父母主张不一致的弊病。陈先生此书所述各种教育方法，或宽或严，都以事体的性质为根据，不以施教育的人为转移。他和他的夫人对于一鸣的教育，就是往这条路去走的。我们看他教一鸣，觉得他是个母亲化的父亲、姊姊化的父亲，但他从没有失掉父亲的本色。

这本书出来以后，小孩子可以多发些笑声，父母也可以少受些烦恼了。这本书是儿童幸福的泉源，也是父母幸福的泉源。著者既以科学的头脑、母亲的心肠做成此书，我愿读此书者，亦务须用科学的头脑和母亲的心肠去领会此书之意义。我深信此书能解决父母许多疑难问题，就说他是中国做父母的必读之书，也不为过。这本书虽有许多贡献，但还是初步试验的成绩。有志儿童幸福者，倘能拿此书来做个基础，再谋进一步的贡献，那就更是我们所希望的了。

论幼稚园应有之改革及进行办法（节录）[①]

（上略）

人格教育，端赖六岁以前之培养。凡人生之态度、习惯、倾向，皆可在幼稚时代立一适当基础。吾国人漠视幼稚时代之重要，学校教育耗费精神，纠正幼稚时代已成之不良态度、习惯、倾向，可谓事倍功半。放任者，听其滋长蔓延，不加纠正，更不堪问矣。有志之士，起而创设幼稚园，以正童蒙，宁非当务之亟。惟遍观国中之幼稚园，其弊有三：取法外国，不适国情，一也；费用太大，不能普及，二也；所收儿童，多属贵族，三也。知行[②]欲矫其弊，而创一适合国情、节省费用、裨益平民之幼稚园。蓄志已久，无由实现，殊觉闷闷。今拟合各方之力，共成美举。计画粗定，谨为我公陈之。

---

① 本文录自1926年10月《新教育评论》第二卷第十九期，原标题为《主任干事陶知行先生致江苏省长函：论幼稚园应有之改革及进行办法》。今题系编者所拟。江苏省长，即陈陶遗（1881—1946），名公瑶，以字行，号道一，上海人。清末秀才，后入松江融斋师范学堂肄业，旋留学日本早稻田大学。在日期间，加入同盟会。归国后，加入“南社”并成为骨干，参加黄花岗之役和武昌起义。中华民国成立后，任临时参议院副议长。1925年12月至1926年12月，被孙传芳任命为江苏省省长。其间，陈陶遗对陶行知在江苏筹办乡村教育事业多有支持，并为乡村幼稚园的筹办拨付了开办费；退隐后，依旧支持晓庄学校的办理。陶行知当时在江苏省推进乡村教育，除赞助“师范教育下乡”外，还选定创设乡村幼稚园作为突破口，因而写有此函。其后，由于他的工作重心转向筹设乡村师范，所以乡村幼稚园的创设延展至一年之后。

② 知行，系陶行知的曾用名。他乳名和尚，谱名世昌，学名文濬。1912年后，始以知行为笔名；1917年，正式更名为陶知行；1934年，始改名为陶行知。

一、该园拟设在燕子矶，已蒙丁校长[1]许可。

二、教员业已聘定对于幼稚教育富有研究及经验者二人，来此服务。

三、三岁至六岁儿童，愿入园者，照丁校长计算，可得三十人以上。

四、经常费每年二百元左右，可暂由改进社[2]担任，徐图就地筹款。

五、开办费中建筑约需五百元，设备约需二百元，共七百元拟请补助费或捐款充之。

由上述计画观之，所缺者惟开办费之七百元。何时筹足，即可于何时开办。窃思中国开办乡村幼稚园，此次实为创举。倘能依据适合国情、节省费用、裨益平民三种方针切实试验，则数年之后，必于幼稚教育有所贡献。我公乐育为怀，素所钦仰，倘蒙设法玉成，则国内儿童拜赐多矣。

（下略）

九月十六日

---

① 丁校长，即燕子矶小学校长丁超，字兆麟。丁超大力支持陶行知筹办晓庄师范和燕子矶幼稚园。

② 改进社，即中华教育改进社，1921 年 12 月由中华新教育共进社、《新教育》杂志社、实际教育调查社三团体合并，改组而成立，总事务所在北京。该社宗旨为“调查教育实况，研究教育学术，力谋教育进行”。该会董事有蔡元培、范源廉、郭秉文等。陶行知被推举为该社主任干事，主持总事务所日常工作。该社是当时中国最大的教育社团，有效地推进了新教育的研究与实践。

论幼稚园切合农村之需要（节录）[1]

（上略）

日昨为创设乡村幼稚园事，曾上一书，说明方针办法，及请求补助之意，[2] 谅已达览。今尚有未尽之言，请为我公陈之。村中生活，随农事为转移。农忙之时，村中妇女或下田工作，或须准备茶饭，无暇照料幼儿。此时年龄稍长之兄姊，为小农生计所逼，亦须襄助农事，不能充分陪伴弟妹。故农忙时，乡村幼儿实为大累，父母徒唤奈何。村中有小学者，父母有时竟以之付托乡校管理。其校长教员或因学校原无相当设备，或存教师非保姆、学校岂育婴之见，辄严词拒之。苟校中明了六岁以前，为人格陶冶最紧要之时期，物色相当人才，设备相当工具，以应此天然之需要，则其造福村儿、便利农民，岂有限哉？乡村小学，夺农民之助力，其势逆；幼稚园，予农民以便利，其势顺。势逆者难办，势顺者易成。倘所办幼稚园能成为平民的、经济的、适合国情的组织，则一方提倡，全国响应，幼稚教育且先小学而普及矣。夫普及之计，端赖人才之培养。乡村幼稚园试办有成，即进而谋师资之训练，期在吸收村中资质聪明、同情富厚之妇

---

① 本文录自1926年10月《新教育评论》第二卷第十九期，标题为《主任干事致江苏省长函：论幼稚园切合农村之需要》。今题系编者所拟。致函对象为江苏省长陈陶遗，详见《论幼稚园应有之改革及进行办法（节录）》注。陶行知接连发出二信后，陈陶遗于9月23日复函。本文还首次提出了普及幼稚教育的设想，认为普及乡村幼稚教育，相较于普及乡村小学教育容易。这是因为："乡村小学，夺农民之助力，其势逆；幼稚园，予农民以便利，其势顺。"这种观点，实发前人之所未发。

② 见《论幼稚园应有之改革及进行办法（节录）》。

女，教以试验成功之结果，则薪俸之给，可以适合乡村财力，一切设施，自不难持久，且可为乡村妇女，辟一职业新途径矣。岂非一举数得哉？今各种准备已有把握，所缺者，惟开办费之七百元而已。务请在预备费中拨给，以便即日兴工，克期开学。如蒙俯予照准，则全国儿童幸福及乡村生活，不难开一新纪元。甚愿我公有以成之。方今政局混乱，杀机正盛，人民救死不暇，知行乃进此迂缓之策，颇似不知时务。故惟有德者，能闻之，不足为他人道也。

（下略）

九月十七日

寿六旬慈母[①]

——给文渼妹的信

文渼吾妹：

九月二十三夜的信收到了，读着令人乐而忘忧。关于母亲寿辰一层，您所陈述意见，十分圆满，我完全赞成。您说寿辰是自家亲人的大志喜，这句话初看很平常，骨子里最有精彩。我反覆涵咏而后领会此中意味之深厚。志喜之法，您说是要做母亲喜欢的事情。这是喜上加喜。我们能照这样做去，才算是真的做寿。今人做寿又只限于一两日之热闹，您却要时时常常的为母亲做寿，所以说："总期母亲今后时时刻刻多得新快乐。"这三层意思可当作做寿的金科玉律看，请大家就照这话进行，我当然是遵办的。我为事业所拘，不能常侍膝下，母亲一切起居饮食娱乐，只得付托吾妹、纯宜及四个蟠桃[②]好好侍奉。我虽在千里之外而无内顾之忧，已立志要乘母亲六秩荣庆之年为国家教育创一不可磨灭之事业，以作吾母寿人寿世之纪念。

秋节后两天，收到母亲饲蜜桃绿豆图，看着不愿放手，真是好一幅天伦大乐图啊！我要想把母亲爱蜜桃的心本着"幼吾幼以及人之幼"[③] 的精神，推而远之；使凡如蜜桃的都能得蜜桃之爱护，享蜜桃之幸福。小孩子

---

① 本文录自亚东图书馆1929年版《知行书信》，题目系陶行知自拟。陶文渼，见《孟禄夫人送玩具——给桃红、小桃的信》注。陶母曹翠仂，为"绩北曹氏之女"。嫁入陶家后，勤劳、俭朴，操持内外，教养子女，对陶行知影响甚大。正因为陶母平素勤俭持家，所以陶行知深知母亲不愿铺张"做寿"。同时，陶行知从母亲对四个孙儿的疼爱中悟出，创办乡村幼稚园是送给母亲的最好寿礼。

② 纯宜，系陶行知之妻汪纯宜。四个蟠桃，指陶行知的四个儿子大桃（陶宏）、小桃（陶晓光）、三桃（陶刚）和蜜桃（陶城）。

③ "幼吾幼以及人之幼"，语出《孟子·梁惠王上》。

从能走路、能说话的时候起到进小学止是最可爱、最要教导的时期。爱护幼儿的人创设幼稚园，就是要培养四五岁的小孩子，使他们的生活可以丰富。但是国内一般幼稚园有几种流弊：第一，他们仿效外国，不合国情。第二，他们灌输宗教，制造成见。第三，他们费钱太多，非有钱的地方不能办。第四，他们学费太重，非富贵的子弟不能进。有了这几种流弊，所以不易推行。吾国以农立国，人民百人中有八十多个住在乡村里。要想把幼稚教育推广，必须把这些流弊除得干干净净，使他们可以下乡，然后才能收普遍的效果。照现在情形，幼稚园下乡好比是骆驼穿针眼①。所以我想打破外国的、成见的、费钱的、富贵的幼稚园而要创造一个省钱的、合理的、平民的、适于国情的幼稚园，使他可以下乡去为农民子弟谋幸福。此事已经筹有头绪。开办费由江苏省长陈陶遗②先生拨。经常费由改进社及明陵小学③担任，地点已选定燕子矶④，主事已请定陆慎如⑤女士。现在就要兴工建筑，明春即可开办。奉上宣言书⑥一纸，原理办法都可一目了然。我深信，此举可为幼儿教育开一新纪元。且等到建筑完工，筹备就

---

① 骆驼穿针眼，语出《圣经·马可福音》第十章第二十五节。这段经文中提到，一位有钱人想当耶稣的学生。于是耶稣要求他，先变卖财产以救济穷人，然后才能收他做学生。这位富人无法做到，只好悻悻离去。后来，耶稣告诉门徒，骆驼穿过针的眼，比财主进神的国还要容易。

② 陈陶遗，见《论幼稚园应有之改革及进行办法（节录）》注。

③ 明陵小学，位于南京市中山门外的明陵。时任校长为王伯秋。王伯秋(1883—1939)，字纯焘，湖南湘乡人，孙中山女婿，幼年从师湘乡名宿彭楚翘，习经史、诗词、八股文之学。年长就读于浙江杭州武备学堂。1905年赴日留学。1912年回国，从事教育工作，先后任江苏省立法政大学教务长，东南大学教务长、代理校长，暨南大学教授等职。1913年官费赴美留学，并获哈佛大学学士学位。1919年回国，曾任江苏省平民教育促进会会长、中华职业教育社理事、国民政府立法委员等职。

④ 燕子矶，见《半周岁的燕子矶国民学校——一个用钱最少的活学校》注。

⑤ 陆慎如，女。生平未详。为当时幼教界的名人。此时已应陶行知之聘，负责主持筹办燕子矶幼稚园。然而，1927年春便因病辞世。这是燕子矶幼稚园未能如期开办的原因之一。

⑥ 宣言书，系指即将在《新教育评论》上发表的《创设乡村幼稚园宣言书》。

绪，办法有了把握，就要进一步谋普遍推广之法。那时，已有具体成绩供人观摩，自能得到相当信用。预备借重吾母寿期为全国幼儿教育募集百年基金。平日与我发生关系的，当在万人以上，拟与诸同志共成盛举。

母亲前不以公开做寿为然，为子女者应当体贴他的意思。一，父亲已经去世①，单独做寿要引起无限悲感。二，亲友应酬，杀生必多，母亲不愿为其生日杀生，宅心至为仁厚。这两层意思，都是我们亲自晓得的，断不能违背。但为全国幼儿教育募集百年基金使一切寿礼尽归训练幼儿师资及开设模范乡村幼稚园之用，事为善举，似属可行。尚望代为委婉请示。我拟于寿辰前四五日进京。近来身体精神都好，请全家放心。母亲、纯妻、大桃、小桃、三桃、蜜桃请代报平安。

敬祝康乐。

十五年十月五日

---

① 陶行知的父亲陶位朝，1867 年生于安徽歙县，号槐卿，字筱山（笑山），乳名长生。有一定的国学功底，是陶行知的启蒙老师。他为培养爱子成才，多方寻访明师。1915 年病故于南京。其时，陶行知尚在美国留学。

创设乡村幼稚园宣言书①

从福禄伯②发明幼稚园以来，世人渐渐的觉得幼儿教育之重要；从蒙梯梭利③毕生研究幼儿教育以来，世人渐渐的觉得幼稚园之效力；从小学

① 本文录自1926年10月《新教育评论》第二卷第二十二期。1928年4月，本文收入陶行知自编的教育论文集《中国教育改造》。本文较为系统地论述了“城市幼稚园”的“外国病”“化〔花〕钱病”和“富贵病”，进而论定乡村幼稚园是救治这三种弊病的良方，并提出了建设乡村幼稚园的具体措施。可以毫不夸张地说，本文不仅指明了中国幼儿教育所应努力的方向，而且勾勒出了陶行知心目中理想幼稚园的蓝图。

② 福禄伯，通译为“福禄培尔”，即弗里德里希·威廉·奥古斯特·福禄培尔（Friedrich Wilhelm August Froebel，1782—1852），德国教育家，幼儿园制度的创立者。10岁入小学。15岁因家贫辍学，任森林护林员，暇时自学。1799年入耶拿大学。1805年在法兰克福模范学校任职。同年去瑞士伊弗东学裴斯泰洛齐的教育方法。1811—1813年先后在哥廷根大学和柏林大学学习。1837年在勃兰根堡设立学校，招收3～7岁幼儿，实施其教育理想。1840年，该校取名“幼儿园”。他继承了卢梭和裴斯泰洛齐的思想，强调教育必须适应自然，顺应儿童的天性，并须以儿童的个人能力为基础。他认定，幼儿园可作为家庭教育的继续和扩充，建立起了包括游戏与歌谣、恩物游戏、手工作业、运动游戏、自然研究以及唱歌、表演和讲故事等的幼儿园课程体系。因此，他被称为“幼儿教育之父”。

③ 蒙梯梭利，通译为“蒙台梭利”，即玛利亚·蒙台梭利（Maria Montessori，1870—1952），意大利幼儿教育家、蒙台梭利教育法的创始人。她26岁时，获罗马大学医学博士学位，成为意大利历史上第一位女医学博士；随即任罗马大学附属医院精神病临床助理医生，负责诊断和治疗身心缺陷儿童，开始对低能儿童的研究产生了兴趣。此后，她认真研究了法国心理学家伊他和塞贡的教育思想和方法，在1898年提出了自己的主张：“儿童的智力缺陷主要是教育问题，而不是医学问题。”后回罗马大学进修哲学、普通教育学、实验心理学和教育人类学，转任罗马大学人类学教授。1907年，她在罗马贫民区建立“儿童之家”，招收3～6岁的儿童加以教育，获得了惊人的效果。此后，“蒙台梭利法”便不胫而走。著有《发现儿童》《童年的秘密》等。

校注意比较家庭送来与幼稚园升来的学生性质，世人乃渐渐的觉得幼儿教育实为人生之基础，不可不乘〔趁〕早给他建立得稳。儿童学者告诉我们凡人生所需之重要习惯、倾向、态度多半可以在六岁以前培养成功。换句话说，六岁以前是人格陶冶最重要的时期。这个时期培养得好，以后只须顺着他继长增高的培养上去，自然成为社会优良的分子；倘使培养得不好，那么，习惯成了不易改，倾向定了不易移，态度决了不易变。这些儿童升到学校里来，教师须费尽九牛二虎之力去纠正他们已成的坏习惯、坏倾向、坏态度，真可算为事倍功半。至于不负责的教师，那里顾得到这些。他们只一位〔味〕的放任，偶然亲自看见了也不过给儿童一个消极的处分。于是坏习惯、坏倾向、坏态度蓬蓬勃勃的长：不到自害害人不止。这是必然的趋势。

有志儿童幸福的人和有志改良社会的人看此情形，就大呼特呼的提倡广设幼稚园。但提倡的力竭声嘶而响应的寥若晨星。都市之中尚有几个点缀门面，乡村当中简直找不到他们的踪迹。这也难怪，照现在的情形看来，幼稚园倘不经根本的改革，不但是乡村里推不进去，就是都市里面也容不了多少。

依我看来，现在国内的幼稚园害了三种大病：一是外国病。试一参观今日所谓之幼稚园，耳目所接，那样不是外国货？他们弹的是外国钢琴，唱的是外国歌，讲的是外国故事，玩的是外国玩具，甚至于吃的是外国点心。中国的幼稚园几乎成了外国货的贩卖场，先生做了外国货的贩子，可怜的儿童居然做了外国货的主顾。二是化〔花〕钱病。国内幼稚园化〔花〕钱太多，有时超过小学好几倍。这固然难怪，外国货那有便宜的？既然样样仰给于外国，自然费钱很多；费钱既多，自然不易推广。三是富贵病。幼稚园既是多化〔花〕钱，就得多弄钱，学费于是不得不高。学费高，只有富贵子弟可以享受他的幸福。所以幼稚园只是富贵人家的专用品，平民是没有分的。

我们现在所要创办乡村幼稚园，就要改革这三种弊病。我们下了决心，要把外国的幼稚园化成中国的幼稚园；把费钱的幼稚园，化成省钱的幼稚园；把富贵的幼稚园化成平民的幼稚园。

一　建设中国的幼稚园。我们在这里，要力谋幼儿教育之适合国情，不采取狭义的国家主义①。我们要充分运用眼面前的音乐、诗歌、故事、玩具及自然界陶冶儿童，外国材料之具有普遍性、永久性的亦当选粹使用，但必以家园所出的为中心。

二　建设省钱的幼稚园。打破外国偶像是省钱的第一个办法。我们第二个办法就是训练本乡师资教导本乡儿童。一村之中，必有一二天资聪敏、同情富厚之妇女。我们就希望他们经过相当训练之后，出来担任乡村幼稚园的教师。他们既可得一新职业之出路，又可使幼稚园之薪金不致超过寻常小学额数。岂不是一举两得？这些妇女中最可有贡献而应最先训练的，无过于乡村校长教员之夫人姊妹及年长的女学生。他们受过训练之后，只要有人加以提倡，幼稚园就可一举而成。第三个办法，就是运用本村小学手工科②及本村工匠仿制玩具。如此办来，一个钱可以抵数钱之用。三个办法同时并进，可以实现省钱的幼稚园。

三　建设平民的幼稚园。幼稚园化〔花〕钱既省，取费自廉，平民的儿童当能享受机会均等。教师取之乡间，与村儿生活气味相投，自易亲近。这两件事都可以叫幼稚园向平民方面行走。但一个制度是否真能平民化，要看他是否应济平民的需要。就我们所观察，乡村幼稚园确是农民普遍的永久的需求。试一看乡村生活，当农忙之时，主妇更是要忙得天昏地黑。他要多烧茶水、多弄饭菜、多洗衣服，有时还要他在田园里工作，那里还有空去管小孩子。那做哥哥、做姊姊的也是送饭、挑水、看牛、打草

---

① 国家主义，是近代兴起的重视国家主权、国家利益与国家安全问题的一种政治学说，在此所指，实为当时在中国方兴未艾的国家主义教育思潮。1924年秋，曾琦、李璜、陈启天、余家菊等人组织“国家教育协会”，出版发行《醒狮》周报，主张“培养自尊精神以确立国格”“发展国华以阐扬国光”“陶铸国魂以确立国基”“拥护国权以维系国脉”。

② 手工科，中国近现代小学的课程名称。1904年，在《奏定小学堂章程》中规定，初小及高小均设“手工”课，但作为“随意科”。1912年，在《小学校令》中，沿用“手工科”名称。1922年“壬戌学制”颁行后，将“手工”改称“工用艺术”，但人们依旧习惯地称之为手工科。

鞋，忙个不了，谁也没有工夫陪小弟弟、小妹妹玩。所以农忙之时，村中幼儿不是跟前跟后，就是没人照应，真好像是个大累。倘使乡村幼稚园办的得当，他们就可以送来照料。一方面父母又可以免去拖累，一方面儿童又能快快乐乐的玩耍，岂不是“得其所哉”！小学儿童年龄较大，可以做事，农忙时颇能助父母一臂之力，要他上学，不啻减少农民谋生能力，所以有如登天之难。幼稚园则不然。他所招收的儿童，正是农民要解脱的担负，要他们进来，正是给农民一种便利。倘使办理得当，乡村幼稚园可以先小学而普及。幼稚园既是应济平民的需要，自有彻底平民化之可能。我们只须扫除当路的障碍，使他早日实现就是了。

建设一个中国的、省钱的、平民的乡村幼稚园不是一说就可以成功的。我们必须用科学方法去试验，必须用科学方法去建设。我们对于幼稚园之种种理论设施，都要问他一个究竟，问他一个彻底。我们要幼稚园里样样活动都要站得住。我们要这种种活动都在科学的方法来建设一个省钱的、平民的、适合国情的乡村幼稚园。将来全国同志起而提倡使个个乡村都有这样一个幼稚园，使个个幼儿都能享受幼稚园的幸福，那更是我们所朝夕祷祝的了。

要使全国个个乡村都有一个幼稚园①

（中国的第一个乡村幼稚园——燕子矶幼稚园，便是在这个事实下产生出来的。在燕子矶幼稚园举行开学典礼的时候，乡村幼稚园的首倡者陶知行先生曾这样说：）

……第一次我觉得乡村里有设立幼稚园之必要，是宋调公君告诉我：农忙时往往有母亲一只手抱着小孩子，一只手拿着凳子，到学校里来托先生给他看管。他只求先生守着小孩子不给他走开，他就感激不尽了。又一次看见一位母亲在田中做事，对面底下放一个筐子，里面坐着一个小孩子。这孩子便是他的儿子。又一次我遇了一个小学生，我问他为什么不进学校，他说现在田里很忙，他要帮助妈妈带小妹妹。受了这三次感触，我便想创办乡村幼稚园。……

（陶先生在燕子矶幼稚园开学的一天说得有：）……恰巧舍妹文渼来信

① 本文录自上海儿童书局1934年版《晓庄幼稚教育》（孙铭勋、戴自俺编著），题目系编者所拟。本文系演讲记录。记录者未详。陶行知1927年创办的南京燕子矶幼稚园，是中国第一个乡村幼稚园。这是1927年11月11日他在该幼稚园开学典礼上的讲话，原文曾以篇名《燕子矶中心幼稚园开学演讲词》发表于《乡教丛讯》第二卷第四期（1928年3月），编者未见到。1927年11月15日《申报》之《教育消息·燕子矶乡村幼稚园成立》一文中，所摘记的内容为："农家在农忙之时，对于不能帮助田作之幼稚儿童，视同赘物。此于儿童及其父母，皆有极大损失。乡村幼稚园即所以谋幼稚儿童之幸福，并补助家庭教育之不足。唯吾国幼稚园多犯外国化、贵族化及不经济三病。本园为全国乡村教育之首创者，所以力向中国化、平民化及省钱路上走。"此文可作为本文的参照。在张宗麟、王荆璞所撰《大江滨的幼稚园》（载《乡教丛讯》第二卷第二十四期）一文中，也有此次演讲大要。

和我商量家母六旬寿辰家庆的办法，我忽然下了一个决心，要在这一年内把她老人家给我的最好的精神开始充分的表现出来，为她老人家祝寿。我想来想去，没有想到办法。一天豁然觉悟到家母最爱的是我的第四个小孩，称他为蜜桃。因为家母之爱蜜桃，就联想到天下的像蜜桃的小孩，立刻决定要使全国个个乡村都有一个幼稚园，为儿童造福，并立志要在这一年之内把第一个乡村幼稚园成立。……

幼稚园之新大陆[①]

——工厂与农村

最需要幼稚园的地方是什么？最欢迎幼稚园的地方是什么？幼稚园应当到而没有到的是什么地方？幼稚园还有什么新大陆可以发现？

一、女工区域是需要幼稚园的。妇女上工厂做工，小孩子留在家里，无人照应，最感痛苦。若带在身边，那么工厂里的特殊紧张之环境，便要阻碍儿童的发育。倘使工厂附近有相当之幼稚园，必能增进儿童之幸福而减少为母者精神上之痛苦。同时女工既不必心挂两头，手边又无拖累，则做工效率，自然也要增加好多。所以为儿童教育计，为女工精神计，为工业出产效率计，这种工厂附近必须开办幼稚园。这是幼稚园的第一个新大陆；我希望幼稚园同志快来探获。

二、农村也是需要幼稚园的。农忙的时候，田家妇女们忙过不了。小孩子跟前跟后，真是麻烦。哥哥姊姊也要帮忙操作，无暇陪伴弟妹玩耍，所以农忙一到，乡村小孩子就要缺乏照料。倘使农村里有了幼稚园，就能给这些小孩子一种相当的教育，并能给农民一种最切要的帮助。幼稚园的同志们！诸君可曾想到这个新大陆？我深信，如果诸君愿意下乡，采桑娘子必定是诚心诚意的欢迎诸君的。

---

① 本文录自1926年11月《新教育评论》第二卷第二十四期。1928年4月，收入陶行知自编的教育论文集《中国教育改造》。所谓“新大陆”，系指意大利航海家哥伦布于15世纪末、16世纪初发现美洲大陆一事，为“地理大发现”中的重要事件，在人类文明史上占有重要地位。陶行知以此借喻他自己在幼稚园方面的探寻和发现，即在发现了乡村幼稚园的重要后，又发现了城市工厂幼稚园的重要。虽然陶行知主持筹创的燕子矶幼稚园迟至次年才设立，而劳工幼儿团迟至1934年才创设，然而有关它的设计和创制，实以本文的发表为端始。

幼稚园的下乡运动和进厂运动必须开始，实无疑义。但现在的幼稚园必须经过一番根本变化，方能到乡村和工厂里去。他第一要打破外国的面具，第二要把贵族的架子放开，第三要省钱，不当用的不必用。这里要整天整年的幼稚园。半天的幼稚园只能解决一半的困难。幼稚园放假也只能跟著女工农妇空闲的时候为转移。现在幼稚园还有一件事没有注意到，这事就是儿童的康健。儿童的康健，比什么事还要紧。幼稚园教师倘没有受过严谨的卫生训练，则幼稚园恐怕要变成传染疾病的中心。我有一个朋友全家害过猩红热；又一个朋友的小孩儿，都染著百日咳；还有好几家朋友的小孩子染著沙眼病和天花，都是因为幼稚园里不注意卫生所致。我希望大家把儿童康健当作幼稚园里面第一重要的事情。幼稚园教师应当做康健之神。工厂和农村是幼稚园可以发现的新大陆。他们只欢迎爱护康健的幼稚园，不欢迎传布疾病之幼稚园。

我们的信条[①]

《我们的信条》虽是我用笔写的，但不是我创的。我参观诸位先生在学校里实际的工作[②]，心里不由人起了好多印像，积起来共有十八项。我就依着次序编成这套信条。所以，这是诸位先生自己原来的信条，早已接受实行；今日只是大家共同温习一遍，并下决心，终身奉行，始终如一。

我们从事乡村教育的同志，要把我们整个的心，献给我们三万万四千万的农民。我们要向着农民“烧心香”。我们心里要充满了农民的甘苦。我们要常常念着农民的痛苦，常常念着他们所想得的幸福。我们必须有一个“农民甘苦化的心”，才配为农民服务，才配担负改造乡村生活的新使命。倘使个个乡村教师的心，都经过了“农民甘苦化”，我深信他们必定能够叫中国个个乡村变做天堂、变做乐园，变做中华民国的健全的自治单位。这是我们绝大的机会，也就是我们绝大的责任。

我们深信教育是国家万年根本大计。

我们深信生活是教育的中心。

---

① 本文录自亚东图书馆1928年版《中国教育改造》。本文首次发表于《新教育评论》第三卷第二期（1926年12月），但只有正文的十八条。1926年11月，陶行知以中华教育改进社主任干事名义，赴南京推进乡村教育。同月21日，在南京明陵小学召集南京周边的四所中华教育改进社特约乡村学校的教师集会，议决成立乡村教育研究会（后定名为乡村教师研究会）。会议最后，陶行知报告了《我们的信条》，并建议作为加入该会宣誓仪式的誓词，获一致通过。

② “诸位先生”的学校，系指南京近郊的明陵小学、尧化门小学、燕子矶小学和巴斗山小学。此四校，当时确定为中华教育改进社特约乡村学校。“诸位先生”，为这四所学校里的王伯秋、宋鼎、江希彭、蔡竹茹等十余位教师。

我们深信健康是生活的出发点，也就是教育的出发点。

我们深信教育应当培植生活力，使学生向上长。

我们深信教育应当把环境的阻力化为助力。

我们深信教法学法做法合一。

我们深信师生共生活、共甘苦，为最好的教育。

我们深信教师应当以身作则。

我们深信教师必须学而不厌，才能诲人不倦。

我们深信教师应当运用困难，以发展思想及奋斗精神。

我们深信教师应当做人民的朋友。

我们深信乡村学校应当做改造乡村生活的中心。

我们深信乡村教师应当做改造乡村生活的灵魂。

我们深信乡村教师必须有农夫的身手、科学的头脑、改造社会的精神①。

我们深信乡村教师应当用科学的方法，去征服自然；美术的观念，去改造社会。

我们深信乡村教师要用最少的经费，办理最好的教育。

我们深信最高尚的精神是人生无价之宝，非金钱所能买得来，就不必靠金钱而后振作，尤不可因钱少而推诿。

我们深信如果全国教师对于儿童教育都有“鞠躬尽瘁，死而后已”的决心，必能为我们民族创造一个伟大的新生命。②

---

① 此处所提出的三项目标，陶行知在1928年扩充为四项，即增加了“艺术的兴味”（《乡村小学、师范学校标准案》）。1929年，又扩充为五项，即“康健的体魄、农人的身手、科学的头脑、艺术的兴味和改造社会的精神”（《湘湖教学做讨论会记》）。

② 原文后有一段话：“民国十五年十一月二十一日，中华教育改进社特约乡村学校——江宁县教育局管辖燕子矶小学、尧化门小学、巴斗山小学、江苏省立明陵小学——教职员在明陵小学开第一次联合研究会，由全体会员通过。”

送给国家的寿面[①]

——给母亲的信

母亲：

家中从前寄来的信，如今都收到了，并未遗失，只是来得慢些。

儿从母亲寿辰立志，决定要在这一年当中，于中国教育上做一件不可磨灭的事业，为吾母庆祝，并慰父亲在天之灵。儿起初只想创办一个乡村幼稚园，现在越想越多，把中国全国乡村教育运动一齐都要立他一个基础。儿现在全副的心力都用在乡村教育上，要叫祖宗及母亲传给儿的精神都在这件事上放出伟大的光来。儿自立此志以后，一年之中，务求不虚度一日；一日之中，务求不虚度一时：要叫这一年的生活，完全的献给国家，作为我父母送给国家的寿面，使国家与我父母都是一样的长生不老。

试验乡村师范[②]开办费要一万五千元，经常费要一万二千元。朋友们都已答应捐助，只要款项领到，就可开办。阴历原想回家过年，无奈一切筹备事宜必须儿亲自支配，不能抽身。倘使款项早日领到，或可来京两星期。如果到了腊月廿七还没有领得完全，那年内就不能来了。好在家中大小平安，儿亦平安康健，彼此都可放心。

---

① 本文录自亚东图书馆1929年版《知行书信》。1926年秋，陶行知计划在江苏创设第一所乡村幼稚园，以作为母亲六旬大寿的寿礼。然而是年冬，便转而筹办试验乡村师范，而将创办幼稚园之事延后。此函可视为对母亲的一个交代，同时可作为为何缓办乡村幼稚园的解释。

② 试验乡村师范，即后来创设的南京晓庄试验乡村师范学校。因当时尚未觅得校址，故只能泛称。

昨日会见冬弟[1]，知道金弟[2]在西安尚好，可以告慰。冬弟亦较前强壮。

桃红、小桃、三桃、蜜桃给我的拜年片子，都是很有意思、很有价值，儿已经好好的保存了。

敬祝康乐。

十六年一月廿日

---

① 冬弟，即陶行知表弟曹子云（1902—?），安徽休宁人，后协助陶行知创设晓庄师范，并肄业于此。

② 金弟，即曹子云的胞兄曹伯鸿。

第一个乡村幼稚园成立[①]

——家信

母亲：

我们现在晓庄师范的生活，已经上轨道了。大家做事看书，快乐得很。新学生已经考取了八位，还有好几位要来考呢。明天幼稚园行开学礼[②]，我们要热闹一番。儿身体虽较前稍瘦，但精神是十二分充足的。此刻天气、饮食都好，每天都要加胖一点，很是可喜。

去年母亲生日，儿曾寄渼妹一书，请渼妹抄一份寄来为盼。明天开学的幼稚园，为中国的第一个乡村幼稚园，是去年发愿要办出来为母亲祝寿的纪念物。所以明天预备请小学生[③]每人吃一碗寿面。

子云弟[④]在晓庄，每日进步甚快。

现在天气凉了，前次寄来之棉袍，颇合时宜；现已上身了，舒服之至。棉被也厚，晚上很暖和。

纯妻十月廿四日之信，桃红廿三日之信，小桃廿三日之信，都收到

---

① 本文录自亚东图书馆1929年版《知行书信》。此信写于燕子矶乡村幼稚园开办前夜。因陶行知在一年前，便发愿以此作为"寿六旬慈母"的纪念物，后因创设晓庄师范而延宕，所以值此了愿之时，陶行知首先便想到向母亲汇报。此信洋溢着从事乡村教育事业的自豪感。

② 开学礼，此说不确，准确说来应为"开办日"。燕子矶幼稚园系1927年11月8日开办，同月11日才补行开学礼。

③ 小学生，为燕子矶小学的学生。因燕子矶幼稚园开办之初，是借用燕子矶小学的校舍。

④ 子云弟，即冬弟，见《送给国家的寿面——给母亲的信》注。

了。[1] 我将家里寄来之信都订在一本，现在已有四本了。我希望，家里每逢收到我的信，也订成本子，方不致遗失。

家中字帖，除桃红、小桃需用的之外，请一并寄到南京神策门外晓庄学校为祷。先寄几本来，随后可以慢慢寄。

敬祝全家安乐。

十六年十一月七日

① 纯妻，即陶行知之妻汪纯宜。桃红、小桃即陶行知的儿子陶宏、陶晓光。

幼稚园艺友[①]

——给纯宜的信

纯妻：

皮袍已收到，质地甚佳，袍面亦特别可爱，新年穿此，在乡间可以大出风头了。

一月一日系晓庄学校落成纪念日[②]，将有大热闹。深望您及全家均在此同乐。幼稚园已开学，收了徒弟三人[③]，跟着幼稚园教师学做先生。此法非常有效。时局稍静，您是可以享优先权来此学习的。

敬祝康乐。

十六年十二月三日

---

① 本文录自亚东图书馆1929年版《知行书信》。纯妻，即汪纯宜，陶行知妻子，安徽休宁人。早年与陶行知胞妹文渼是同学，1914年与陶行知成婚。婚后育有四子，相夫教子甚勤。所谓“幼稚园艺友”，即参与幼教师资培训的学员名称，是“艺友制”中的受教方。它利用幼稚园，借鉴传统的师徒制，采用师傅带徒弟的方式进行培训，无须专设幼师培训机构。由于晓庄师范第二院（幼稚师范院）始终未能创立，所以陶行知发明了这种变通方式，并开展了小范围实验。由此信内容看，陶行知寄望妻子南来后，也能成为幼稚园艺友。

② 落成纪念日，是指定于1928年1月1日为晓庄师范校舍的全部落成所举行的庆祝活动。

③ 徒弟三人，系燕子矶小学校长丁超的夫人，还有两位女性小学毕业生。

如何使幼稚教育普及？[①]

教人要从小教起。幼儿比如幼苗，必须培养得宜，方能发荣滋长；否则，幼年受了损伤，即不夭折，也难成材。所以小学教育是建国之根本；幼稚教育尤为根本之根本。小学教育应当普及，幼稚教育也应当普及。如何使幼稚教育普及，是我们最关心的一个问题。依我看来，进行幼稚教育之普及要有三个步趋〔骤〕。

（一）改变我们的态度。一般人的态度总以小孩子的教育不关重要；早学一两年，或迟学一两年，没有多大关系。我们很漠视小孩子的需要、能力、兴味、情感。因此，便不知不觉的漠视了他们的教育，把他们付托给老妈子，付托给街上的伙伴。在这种心理之下，幼稚园是不会发达的。我们要想提倡幼稚园，必须根本化除这种漠视小孩子的态度。我们必须唤醒国人明白幼年的生活是最重要的生活、幼年的教育是最重要的教育。

关心幼儿的父母，明白幼稚教育之重要，并且愿意送子女进幼稚园，但是他们有一种牢不可破的成见也是要不得的。这成见就是不愿他们的子女与贫苦人家的子女为伍。他们以为自己的子女是好的，贫苦人家的子女是不好的。他们以为贫苦人家的子女进了幼稚园便要把他们的子女带坏

① 本文录自亚东图书馆1928年版《中国教育改造》。本文原发表于《乡教丛讯》第二卷第四期（1928年2月）。此期《乡教丛讯》已佚。本文明确提出了“普及幼稚教育”的主张，认定“幼稚教育尤为根本之根本”。此为生活教育师资培训理论的重要创新。其设计和试验，首先选择的，便是幼教园地。

了。因此，幼稚园便成了富贵人家和伪智识阶级①的专利品。我们应当知道，民国只有人中人，没有人上人，也就没有人下人。人中人，是要从孩中孩造就出来的。教育者的使命是要运用好孩子化坏孩子，不应当把好孩子和坏孩子分开，更不应当以为富贵人家的孩子是好孩子，贫苦人家的孩子是坏孩子，尤其不可迁就富贵人家的意见排斥贫苦人家的儿女。富贵人家及伪智识阶级的父母，倘不愿把亲生子女做新中国被打倒之候补者，就应当把自己的子女和不幸的人家的子女放在一个幼稚园里去受陶冶。办理幼稚园的先生倘若不愿把幼稚园当作富贵太太们打麻将时用之临时托儿所，便应当把整个的幼稚园献给全社会的儿童。可是这样一来，幼稚园教师便须明白他们的使命不是随随便便的放任，乃是要运用好孩子化坏孩子，运用坏孩子的好处化好孩子的坏处。

承认幼年生活教育之重要，是普及幼稚园之出发点；承认幼稚园为全社会幼儿的教育场所，是普及正当幼稚园的出发点。我们必须得到这两种态度，幼稚园才有普及的希望。

（二）改变幼稚园的办法。幼稚园的办法是费钱的；不想法节省，必不容易普及。最需要幼稚园的地方是乡村与女工区。女工区的幼稚园，还可由工厂担负经费，纵使用费太多，尚易筹措。乡间是民穷财尽，费钱较少之小学尚且不易普及，何况费钱加倍的幼稚园呢？所以在乡间推行幼稚园，好比是牵只骆驼穿针眼。我们必须向着省钱的方针去谋根本改造，幼稚园才有下乡的希望，才有普及的希望。

（三）改变训练教师的制度。普及教育的最大难关是教师的训练。我们要想普及幼稚教育，至少需要教师一百五十万人。这是一个最难的问题，因为不但是经费浩大，并且训练不得其法，受了办理幼稚园的训练，不一定去办幼稚园，或者是去办出一个不合国情的幼稚园，那就糟了。幼稚师范是要办的，但幼稚师范必须根本改造，才能培养新幼稚园之师资。

---

① 伪智识阶级，是陶行知所创立的专门名词，指那批专习并传授无补于世的知识的脑力劳动者。详见陶行知自撰论文《“伪知识”阶级》，该论文被收入亚东图书馆1928年版《中国教育改造》。

纵然如此，我们也不能专靠正式幼稚师范去培养全部的师资。我们现在探得一条新途径，很能使我们乐观。试验乡村师范学校的幼稚师范院在燕子矶设了一所乡村幼稚园，叫做第二中心幼稚园①。开办之初便收了三位徒弟，跟着幼稚教师徐先生②学办幼稚园，张宗麟③先生任指导。前天他和我谈起，幼稚园的徒弟制似可推行到小学里去，并且可以解除乡村小学教员的一个大问题——生活寂寞。我说："这是的的确确的。徒弟制不但能解除生活寂寞，并且能促进普及教育之进行。"普及小学教育及幼稚教育非行徒弟制不可。

倘以优良幼稚园为中心，每所每年训练两三位徒弟，那么，多办一所幼稚园，即是多加一所训练师资的地方。这是再好没有的办法。我看三百六十行，行行有徒弟，行行都普及。木匠到处都有，他是怎样办到这个地步的？徒弟制。裁缝匠，泥水匠，石匠，铁匠和三万万四千万种田匠，那一行不是这样普及的呢？老实说，教学做合一主义便是沥清过的徒弟制。徒弟制的流弊是劳力而不劳心，师傅不肯完全传授，对于徒弟之虐待。假使我们能采徒弟制之精华而除去他的流弊，必定是很有成效的。若把这种办法应用到幼稚园里来，我是深信他能帮助幼稚教育普及的。

---

① 第二中心幼稚园，是晓庄中心幼稚园（第一中心幼稚园）开办后燕子矶乡村幼稚园的称谓。

② 徐先生，即徐世璧（1898—?），女，安徽南陵人，江苏一女师幼稚师范科毕业，时任晓庄师范幼稚教育指导员，主持燕子矶乡村幼稚园的办理。

③ 张宗麟（1899—1976），原名德保，祖籍浙江绍兴，生于江苏宿迁。1921年考入南京高师教育系，师从陶行知、陈鹤琴、郑晓沧等。其间，协助陈鹤琴办理鼓楼幼稚园。1927年9月，任南京市教育局幼稚教育视导员，兼任晓庄学校指导员，指导燕子矶乡村幼稚园的创设。后专任晓庄学校教职，任吉祥学园园长。晓庄被封后，历任集美幼师、集美乡师、桂林师专、重庆教院、湖北教院、光华大学教职，始终支持生活教育运动。著有《幼稚教育概论》《乡村教育经验谈》《幼稚园的演变史》等。

我和陈鹤琴先生近来有一次很畅快的谈话。他主张拿鼓楼幼稚园①来试一试。鼓楼幼稚园是最富研究性的，现在发了宏愿要招收徒弟来做推广幼稚师资之试验，是再好没有的了。

以上所说的普及幼稚教育的三个步骤，不过是我个人所见到的，一定有许多遗漏的地方。关心幼儿幸福的同志，倘以别的好方法见教，那就感激不尽了。

---

① 鼓楼幼稚园，中国现代幼儿教育实验中心，1923年由陈鹤琴在私宅创办，自任园长。1925年筹募资金建园舍于鼓楼头条巷，被定为东南大学教育科实验幼稚园。其办园主旨是“试验中国化的幼稚教育，并以试验所得供全国采用”。

调查全国幼稚教育案[①]

【理由】

我国从前幼稚园，多为外人代办，全国并无统计。为自办幼稚园计，为考查幼稚教育现状计，急需有调查办法。

【办法】

大学院[②]派遣全国教育调查员时，增加幼稚教育调查员一人。

---

① 本文录自商务印书馆1928年8月版《全国教育会议报告》。本文是陶行知在第一次全国教育会议上的提案。1928年5月，大学院在南京召开全国教育会议。大会议长为蔡元培和杨铨，副议长为许崇清。陶行知为"普通教育组"成员。提出该案，实因1923年陶行知编制《中国之教育统计》和1924年撰写《民国十三年中国教育状况》时，幼稚教育均无准确统计资料可用。发展幼稚教育，首先理当"心中有数"，因而必须"调查"。此案连同《各省各县各市实验小学设立幼稚园案》《推广乡村幼稚园案》《各省开办试验幼稚师范案》《审查编辑幼稚园课程及教材案》四案，以及陈鹤琴的两个提案，合并为《注重幼稚教育案》。陶行知的这五个提案在该案的序列为一、二、四、六、七。

② 大学院，南京国民政府设立的全国最高学术教育机关。1927年10月成立，最初受命于国民政府，管理全国学术及教育事宜，但不隶属于国民政府；1928年4月改属国民政府。设院长、副院长和大学委员会。院长总理全院事务。大学委员会议决全国有关学术和教育的一切重要问题。下设高等教育处、普通教育处、社会教育处等办事机构，政治教育、教育经济计划、考试制度等专门委员会，国立大学、中央研究院及其他直属国立学术机关。大学院制将全国划分为若干大学区，每区设一所大学，由大学校长总管所在区的教育行政及一切学术事宜。大学院首任院长为蔡元培。1928年冬，大学院在国民政府改组后被撤销。

各省各县各市实验小学设立幼稚园案[①]

【理由】

（一）幼稚园之重要与需要，已有极显明之事实。

（二）各省、各县、各市，因经费关系，不能各小学皆设幼稚园；然而在实验小学，幼稚园为必需之事业，必须创办。

【办法】

（一）通令全国，十七年度起实行。

（二）每所幼稚园开办费约二百元，经常费年约三百六十元，令各县列入田税附捐[②]用途预算。

---

① 本文录自商务印书馆1928年8月版《全国教育会议报告》。本文是陶行知在第一次全国教育会议上的提案。为了推广幼稚教育，陶行知认为，在各级实验小学附设幼稚园，为可行之法。

② 田税附捐，为农业税之一。田税也称“田亩税”；附捐也称“附加税”“加耗”“子税”等，通常在开征前，须指定专项用途。

推广乡村幼稚园案[①]

【理由】

（一）乡村幼稚园，是乡村社会普遍的、永久的需求。农忙时，农妇忙得天昏地黑，那里有空来管小孩子？如果有了乡村幼稚园，便能节省农妇好些精力。与其开幼稚园帮助城里太太，抛下孩子去打马将，倒不如帮助采桑娘子照应儿女，使得她可以多养些蚕，多生点利。

（二）农忙时，幼儿无人照应，父母往往令稍长儿女辍学回家陪小弟弟小妹妹玩。如果有了乡村幼稚园，便可以减少小学儿童之缺课。

（三）乡村小学教师办小学，夫人办幼稚园，便可造成夫妻学校[②]，减少乡村教师之寂寞，树立乡村家庭之模范。

（四）乡村幼稚园倘能推广，便可为乡村受过教育的妇女开一职业上之出路。

（五）乡村幼稚园，是乡村妇女运动之惟一的中心。要想彻底去干乡村妇女运动，非从乡村幼稚园入手，便不能成功。

---

① 本文录自商务印书馆1928年8月版《全国教育会议报告》。本文是陶行知在第一次全国教育会议上的提案。乡村幼稚园之制，系由陶行知首创。燕子矶乡村幼稚园的开办，即是其实践成果。为了使乡村幼稚园能迅速、全面地得以推广，陶行知特别提出此案，希望能引起全体与会代表的注意，以共同影响教育行政当局，使相关制度得以确立，使所需经费能够落实。

② 夫妻学校，指一对夫妻所办理的学校。这种夫妻学校，多为农村小学。陶行知当时曾大力提倡夫妻学校，并为此创作了《村魂歌》："男学生，女学生，/结了婚，做先生。/哪儿做先生？/东村或西村。/同去改旧村，/同去造新村。/旧村魂，新村魂，/一对夫妻一个魂。"

【办法】

（一）教育研究所应研究创造平民的、省钱的、适合国情的幼稚园，使幼稚园在乡间易于设立。

（二）每省区应先试办一乡村幼稚师范。依据中心幼稚园办法，训练乡村幼稚园教师。

（三）乡村幼稚园不易单独设立，故最初办法，应多招现任乡村教师之夫人、未婚妻、近亲训练之，方能造就一人，便得一人之用。

（四）乡村幼稚园不限定要房屋。倘使无校舍，便可在露天里办起来。天晴开，雨来散，有何不可？

各省开办试验幼稚师范案①

【理由】

（一）幼稚教育为国民教育之基础，又为农工社会的家庭所急需。近年来幼稚园数日增，将来必极发达，政府必须有相当机关培植师资。

（二）全国若能令各县区创办幼稚师范，实为最善之事。然而国家财力有限，一时恐难完全办到，所以不如每省创办试验幼稚师范一所。一方面培植幼稚园师资，又一方面可以供给全省幼稚园各种材料与方法，使全省幼稚教育改进。

【办法】

（一）财力较裕之省，如江苏、浙江等省，可以独立创办。

（二）财力较难之省，可以附设在女子中学师范部②内。

（三）从十七年度开始实行。

（四）学校内部详细办法，如学生应否男女兼收及课程等等另订。

---

① 本文录自商务印书馆1928年8月版《全国教育会议报告》。本文是陶行知在第一次全国教育会议上的提案。该案之后，附有《试验乡村师范学校幼稚师范院简章》。其宗旨“在根据中心学校办法，造就乡村幼稚园及幼稚师范学校教师。俾能与乡村儿童、妇女共甘苦，以谋乡村儿童、妇女幸福之增进”。

② 女子中学师范部，缘于“壬戌学制”颁行后“综合中学制”的实行。当时规定，中学分设普通、农、工、商、家事、师范等部、科或组。此处所言，实指在女子中学内附设幼稚师范科。

审查编辑幼稚园课程及教材案[①]

【理由】

（一）十六年来，幼稚园课程及教材，迄无标准。

（二）全国所有幼稚园课程与教材，多半是从外国来的，不很适合国情。

【办法】

（一）大学院聘请专门人才，搜集国内已有之幼稚园课程与教材并严格审查。

（二）大学院特约试验幼稚园，从事试验编辑幼稚园教材方法与课程。

（三）在京都创办试验幼稚园，聘请专门人才从事编辑试验。

① 本文录自商务印书馆1928年8月版《全国教育会议报告》。本文系陶行知在第一次全国教育会议上的提案。中国自1903年湖北幼稚园开办、1904年蒙养院制度确立以来，幼儿教育课程尚无一定模式，东抄西借，变更无常，致使幼儿教育质量堪忧。至于配套教材，也只能是随风转移，缺乏精深研究后的合理编写，以致贻误无穷。有鉴于此，陶行知提出了此案，其直接成果，为1929年颁行的《幼稚园课程暂行标准》。

向儿童瞄准[①]

——致叶刚

叶刚吾弟：

接到你本月十七日的信，知道你在服务上能反省母校的办法，把母校的设施重新估量一番，这是何等宝贵的贡献啊！母校之进步，大半要靠最前方[②]同志关于作战时所发生之疑问、困难之报告。我们接到这种亲切的报告必定要审慎考察、分析，然后加以改革，以谋进步。这次接到你的报告，我便集中精神反省了一小时，现在要把回报给你，还要请你和河埒口[③]同志指教。本校分组工作之目的，在各个人按着才能兴趣实地研究，俟研究有得，然后公诸全体，俾大家都能得益。这种办法如果彻底的干下去，则每一个人可有一艺之长，而普通学识亦可在水平线以上。我反省之

---

① 本文录自安徽人民出版社1981年10月版《行知书信集》。本文写于1929年1月30日。正题和副题，均为《行知书信集》编者所拟。叶刚（1908—1930），原名道生，浙江象山人，1928年考入晓庄师范，为陶行知得意门生之一。他在校热心创作童话，参加晓庄剧社演出“新剧”，当时，被外派至无锡开原一小实习。接获他的来信后，陶行知方有此回信，并专论了儿童教育问题。1930年3月，他支持南京工人罢工，又参加晓庄学校的护校斗争，并秘密策反当地驻军，事泄被捕；同年8月16日，英勇就义于南京雨花台。陶行知的痛惜之情，凝聚于《红叶童话集》的出版上。该书由陶行知收集了叶刚创作的童话9篇，交亚东图书馆于1931年6月出版。

② 前方，系指晓庄学生在外实习之处。晓庄师范办学之初，便将学生分为两拨，又将他们的学习之处分为“后方”和“前方”。后方讲授和研习理论，前方通过实践提高能力。这两部分学生定期轮换，从而使理论和实践密切结合。

③ 河埒口，乡名，为无锡开原一小的所在地。该校为中华教育改进社特约乡村学校之一，是试验乡村教育的重要基地，时任校长为潘一尘。

后，觉得这个制度的本身尚无错误；你所发生的怀疑，实因“不彻底”所致。倘使彻底的干去，则每个人可以一人所得贡献于大家，大家所得贡献于各人，何致有畸形发展之弊？我们所以不彻底的缘故约有五种，可以分述于下：（一）研究工具不够；（二）印刷工具未备；（三）有几组的指导没有充分；（四）交换心得的机会太少；（五）对儿童瞄准的同志不多。前四项须由学校行政负责，后一项可非个人努力不可。倘使在晓庄的时候不用全副目光精神向着小学或幼稚园儿童瞄准，出发之后，自必要遇着绝大的困难。这困难，多半是由于“生手”所致。假使天天是对着儿童的需要、能力用功，那么，无论遇着什么儿童，一瞄就准，又有什么胜不过的困难呢？你看错不错？你说本校汉文进步很快。我想本校对于汉文的主张是很有效力，但是也没有彻底。文学是从生活里压迫出来的。我们至今还不能产生第一流的儿童文学，可见同志们还没有十分感觉儿童生活的压迫。你说生物学有的学校用不着，容或如此，但是乡村学校必得注重生物学。生物学是乡村学校培养科学头脑最简便、最省钱、最有趣味的学科。不注重生物，便不成为乡村学校，便在改革之列。不过学生物的同志们，也要多向儿童瞄准，方为有效。最后，你提及了两件事——厨师侍候添饭和晚间为导师送洗脚水——证明河埒口与晓庄生活不同。这真令人吃一大惊！我想你们决不受这种待遇。你们是有全权办理河埒口小学的。革除这种老爷架子，应当是你们上台所放的第一炮。这炮声，晓庄全体同志正在倾耳等着。祝你和楚材、剑雄、雪云成功①。

知行

一月三十日

---

① 楚材，即李楚材（1905—1998），江苏张家港人，晓庄师范首届学生之一。毕业后，经陶行知推荐到浙江师范任教。1943 年创办位育中学，任校长。1964 年任华东师范大学教育研究所研究员。著有《陶行知和儿童文学》《教会教育——帝国主义侵华教育史资料》等。剑雄，即刘季平（1908—1987），江苏如皋人，1928 年转入晓庄师范，后任中共晓庄学校支部书记。雪云，即季雪云（1903—?），江苏常熟人，1928 年入读晓庄师范。他们三人与叶刚一起，当时同被派赴无锡开原一小“前方”实习。

一九三〇年晓庄学校幼稚教育进行计划[①]

（一）现任指导员一律不得辞职。

（二）增设迈皋桥幼稚园一所。

（三）购置世界幼年教育书籍及工具并陈列之。

（四）翻译 *Pre-School Education*[②]（1929）。

（五）出版《幼稚教育论文》[③] 第二集。

（六）编辑儿歌一百首。

（七）编辑儿童故事一百首。

（八）编辑儿童游戏五十种。

---

① 本文录自上海儿童书局1933年版《晓庄一年计划》（方与严编）。本文系提案，提交时间为1929年12月25日。1929年底，陶行知为改变晓庄学校“虽活但呈乱象”的状况，提出了今后要过“有计划的生活”；要求各个部门和全校师生，均须订立1930年的全年计划，并严格依照计划办事。陶行知率先垂范，提交了《我今年的计划》和《晓庄学校民国十九年计划大纲》。由于陶行知特别重视也特别关注晓庄的幼稚教育，所以又专门拟订了这份计划，明确了1930年幼稚教育的具体任务和工作安排。该计划经幼稚教育研究会成员充分讨论后，获一致通过。

② *Pre-School Education*，英文书名，译作《学前教育》。

③ 《幼稚教育论文》，书名，即《幼稚教育论文集》，为晓庄学校师生及校外幼教专家有关幼稚教育科研成果的汇编。此前已出第一集。《幼稚教育论文集》为“晓庄丛书”之一，陶行知、陈鹤琴、张宗麟著，1932年由上海儿童书局发行。该书选编了陶行知《创造乡村幼稚园宣言书》《幼稚园之新大陆》等关于农村幼稚教育的论文，以及陈鹤琴、张宗麟关于鼓楼幼稚园的实验研究论文，系我国较早的幼教理论研究和实践研究的成果。

（九）创造儿童玩具十种。

（十）编辑《儿童口算》一册。

（十一）编辑《幼稚园课程标准草案批评》一册[1]。

---

① 指结集出版对1929年8月教育部颁行的《幼稚园课程暂行标准》的评价、批评。该法规由陈鹤琴主持制订，主要根据南京鼓楼幼稚园的课程实验成果而拟订。此外，参加起草《幼稚园课程暂行标准》的还有郑晓沧、张宗麟、葛鲤庭、甘梦旦、杨保康等人。

关于设立幼稚学院的意见①

（下午二时继续开会，陶先生发表他的意见。他说：）

一个人对于一件事之感觉，分灵与理二种。有时是灵的方面感觉到赞成或反对，有时是理的方面赞成或反对，而灵与理不一定是一致的。灵的方面，只可感不可说，有时是想不通的。理的方面，是凭智理而判断，可以说出理由来，是可以用脑筋想得通的。关于这个议案，他们二位②昨夜征求我的意见，他们一直谈到十二点钟过。我对于他们的议案，自从昨夜

---

① 本文录自上海儿童书局1934年版《晓庄幼稚教育》（孙铭勋、戴自俺编著）。本文系发言记录，发言时间为1929年9月29日，记录者为孙铭勋、戴自俺。本文摘自他们合撰的《建立蟠桃学园之前前后后》。1929年7月8日，晓庄学校全体会议决定，将晓庄学校分设为晓庄、和平、三元、万寿、吉祥五学院，将“前方”与“后方”合为一体，并以各学院统领各种教育设施。在同年9月28日晚举行五院联席会议时，孙铭勋与戴自俺共同提出《把各幼稚园集合成一个独立的学院案》，认为如此更有利于“研究和实验”。讨论至深夜12时仍无结果。陶行知宣布说：“大家回去再好好考虑一下，明天再说。”次日续开五院会议，并召集全体会议。陶行知的发言，即是针对这份提案所发表的意见。陶行知发言后，与会者对这份提案进行表决，结果通过。在10月1日召开的“指导会议”上，与会者决定将幼稚学院定名为“蟠桃学院”，院部设在燕子矶，院长为徐世璧。时隔未久，又将“学院”改名为“学园”。此后，晓庄学校的所有幼教设施统归“蟠桃学园”。这种“条块结合”的办学模式，成为该校的又一特色。

② 他们二位，指孙铭勋与戴自俺。孙铭勋（1904—1961），贵州平坝人。早年就读于贵州师范学校。1927年入陶行知创办的晓庄师范，从此一生追随陶行知，提倡生活教育，主张“以健康教育为主要任务”。著有《幼稚教育》《乡村幼稚教育经验谈》《晓庄幼稚教育》等。戴自俺（1909—1994），贵州长顺人。1928年3月，考入晓庄师范，专习幼稚教育。他曾参加陶行知主持的中国第一所农村幼儿园和第一所专收工人子弟的劳工幼儿团工作，也参加了山海工学团、育才学校的教学工作。在研究陶学方面贡献突出，曾主编十卷本《陶行知全集》（四川教育出版社出版），著有《幼稚园生活进程》等。

他们开始对我说了以后，在我的灵的方面，已经是表示赞同。又经提议者一番热忱的话把我触动了，我尤其表示十二分的赞同。但是在理的方面，我是不赞成的。昨夜想了一夜，在我的脑子里没有想通，真想不到一个比较好的解决办法。今晨又同他们二位谈了一个多钟头，我也是想不通，也是想不到一个好的解决办法。在我的脑海中，这灵与理的交战，不知战了若干时间。经散会后的这短时间①的回旋，我忽而想通了，忽而得到一个解决的办法了。这个办法，是可以伸缩的，是有充分的自由性的。我们晓庄的事业非常之多，而范围也非常之广。乡村幼稚园是我们要努力而尚没有办法的一件事业。民众学校也是我们要努力而尚没有办法的一件事业。此外，还有中心茶园，还有乡村中学、乡村大学……我们此次改组，产生学院，他的范围固然是很广，他可以包括上面的一切东西。但是，他也可以伸缩自由。一个中心茶园可以成一个学院；一个民众学校也可以成一个学院。若是一个院长对于这些事都有兴趣、都有能力，他就可以完全包办；若是他对于某一部分没有兴趣、没有能力，就可以划分出来，单独办理。以我的意见，现在这个议案，可以这样通过："学院是单独成立一个，但地点不一定。"学院没有在的地方的幼稚园，看看那个院长能否包办？如能包办，就划归该地的学院，但指导的责任还是归幼稚学院。如不能包办，那就划归幼稚学院。如我现今在和平门②，我是各样都愿意试验一下，所以对于幼稚园我也不放弃。但幼稚学院成立以后，指导的责任，是要由幼稚学院负担。如通过了，这个学院究竟设在什么地方，是要指导会议才能决定。请大家发表意见。

---

① 这短时间，指五院联席会议结束后、全体会议召开前的会间休息时间。在联席会议结束前，会议主持人陶行知说："现在五院会议已经结束，我要用校长的权力来召集全体会议。但是这些提案有重新审查的必要。请大家散会，出去散步几分钟，呼吸些新鲜空气，再来讨论。现在请张宗麟先生在这里审查提案，排定次序。五分钟后，听到钟声，请大家来继续开会。"

② 和平门，指位于和平门的和平学院。在1929年7月8日晓庄学校全体会议上，张宗麟提出"谋注重研究减轻事务培养有特长的乡村导师并试验小学中心活动"的议案，议决将晓庄的全部事业分设为五个学院，和平学院即是其中一院，陶行知时兼和平学院院长。

大同与大不同[①]

这又是一对似乎矛盾而实相成的名词[②]。我们试到一个花园里面去看一看：万紫千红，各有它的美丽。那构成花园的伟观的成分正是各种花草的大不同处。将这些大不同的花草分别栽种，使它们各得其所，及时发荣滋长，现出一种和谐的气象，令人一进门便感觉到生命的节奏：这便是大同之效。晓庄不是别的，只是一个“人园”，和花园有相类的意义。我们愿意在这里面的人都能各得其所，现出各人本来之美，以构成晓庄之美。如果要找一个人中模范教一切人都学成和他一样，无异于教桃花、榴花拜荷花做模范。我们当教师的实在需要园丁的智慧。晓庄不但是不要把个个学生造成一模一样，并且也不愿他们出去照样画葫芦。晓庄同志无论到什么地方去，如果只能办成晓庄一样的学校，便算本领没有学到家，便算失败。没有两个环境是相同的，怎能同样的办？晓庄同志要创造和晓庄大不同的学校才算是和晓庄同，才算是第一流的贡献，才算是有些成功。

---

① 本文录自四川教育出版社2005年版《陶行知全集》第2卷《晓庄三岁敬告同志书》。本文撰写于1930年3月初，首次发表于《乡村教师》第七期（1930年3月15日）。在晓庄学校创立三周年纪念会上，陶行知发表了演讲，即《晓庄三岁敬告同志书》。该文首先回顾了晓庄学校创立的历史和办理的经过，然后分析了晓庄的精神和生活教育理论的价值，最后提出了“我们自己勉励的几条方针”。“大同与大不同”为“我们自己勉励的几条方针”中的第四项，也是最后一项。前面三项分别为“自立与互助”“平等与责任”“自由与纪律”。对于大同与大不同的“对立统一”阐述，彰显了创造精神的可贵。这种精神，理当从幼年开始培植。

② 名词，即标题中的“大同与大不同”。

今日之幼稚园从今日干起[1]

我对于幼稚教育是个门外汉，不配谈什么。各位既要我说话，我只有一个报告向各位报告。此次我的老先生克伯屈（Kilpatrick）[2] 先生来参观各国的教育，当然也来参观中国的教育；参观中国的教育，当然也来参观我们晓庄的教育。他对于我们中国的幼稚园有一个批评。我们晓庄自然不能例外。他的批评是怎样呢？他说："现在中国的幼稚园，还是在二十五年以前的幼稚园。"我听了他这个批评，当然也就起了两个反应：第一个

① 本文录自上海儿童书局1934年版《晓庄幼稚教育》（孙铭勋、戴自俺编著）。本文摘自戴自俺撰《蟠桃学园》一文，该文原载《乡村教师》第十一期（1930年4月）。本文系演讲记录，演讲时间为1929年10月28日，记录者为戴自俺。是日，陶行知应邀参加"晓庄学校幼稚教育研究会"，发表了这篇演讲。1929年9月28日—10月19日克伯屈访问苏联后，第二次来华参观、讲学，经沈阳、大连、天津、北平后，于10月14日抵南京。次日，应陶行知之邀，他访问了晓庄学校。在晓庄学校所举行的欢迎会上，克伯屈对晓庄精神赞扬备至；然而在陶行知私下征询意见时，他对中国幼稚园的办理进行了针砭。于是，陶行知带领他参观了晓庄的幼稚园，使他印象大变。本文即是报告相关经过，同时阐明了生活教育的主张。

② 克伯屈，即威廉·赫德·克伯屈（William Heard Kilpatrick，1871—1965），美国教育家，杜威实用主义教育思想的追随者及杜威教育哲学的解释者，"设计教学法"的发明人。早年在默塞尔大学获学士及硕士学位。1909—1938年在哥伦比亚大学师范学院讲授教育哲学。陶行知留学哥伦比亚大学时，师从克伯屈，推崇其生动活泼的讲课方式，并与其建立了较为亲密的师生关系。1917年后，克伯屈多次来中国访问、讲学。1927年在中国宣传实用主义教育理论，使设计教学法流行于中国一些小学。

反应是承认他这个批评有一部份是对的；第二个反应是为我们的幼稚园辩护。我为什么会发生出这样的两个反应呢？现在我拿来向大家报告一下。

第一，我反对他这句话。我只承认他批评有十分之三点三是对的，其余十分之六点七是不对的。什么叫做十分之三点三是对的，什么叫做十分之六点七不对呢？这话怎么讲呢？我在当时，我就问他："中国的幼稚园还是在二十五年以前的幼稚园，当然不是今日的幼稚园。究竟什么叫做二十五年以前的幼稚园，什么叫做今日的幼稚园呢？"他说："二十五年以前的幼稚园，就是一切都是机械的，同是一律的天天在那里拍拍手、走走圆圈，一个教师在那里弹着琴……总之，一切活动，都是机械的，千篇一律、万篇一律、一成不变的。"我当时就对他说："你这个说法，我们这里的幼稚园确实也是这样。但是，这也才是一小部份，还有其他的一大部份你还没有看到，我可以带你去看看。"于是我就带他到晓庄幼稚园的农场上，去看小朋友所种的东西。后来，我又带他去看燕子矶幼稚园。他说："啊！这些我在外国到〔倒〕还没有看见过，这是很好的一种办法。"

后来，我又向他说："我们这里所办的幼稚园，要适合下面的三个目标。

"第一是要平民化。现在的幼稚教育，多数是操纵在贵族阶级及智识阶级的手里。我们这里，是要把幼稚教育从贵族阶级、智识阶级的手里夺出来，普遍到平民阶级。进一步，我们还要把贵族阶级、智识阶级、平民阶级打成一片。我们这里的幼稚园，不是为什么部长、总长的小孩子办的，我们是为农工阶级的小孩子而办的。我们也不是只徒喊口号，而是见诸实行的。你看，我们幼稚园里的小朋友，不一个个都是农家的小孩吗？

"第二是要经济化。'我们深信，乡村教师要用最少的经费，办理最好的教育。'这是我们的信条之一。这个意思就是说，我们要用少的金钱办出好的教育，不是用很多很多的钱把一个幼稚园弄得非常华贵。幼稚园要想在平民阶级里普遍起来，自非省钱不为功！

"第三个目标是要适合于乡村儿童生活的。我们不要搬洋货，也不要骛时髦，只求适合于乡村儿童的生活。我们的主张是这样，我们的办法是这样。你如果赞成我们的主张，愿意和我们努力的话，我希望你们哥伦比亚大学在放假的一年——他们是六年之后放假一年[①]——有一个幼稚教师到我们此地来走一遭。那么，我们就可以打成一片，共同努力了。”

他说：“我很赞成你们的主张，我愿意努力。”（中略）

克伯屈先生给予我们这个批评，是我再三的要求他，要他不辜负此行而才说的。假若今天我不将这个批评转达给大家，也就辜负了大家今天要我在这里来说话的厚意！我把这个意思转达出来，就是要使得大家格外的努力。我们一方面在这里干，我们一方面还要吸收别人的经验。我们要把英国的、法国的、日本的、意大利的、美利坚的……一切关于幼稚教育的经验都吸收进来，我们来截长补短，冶成一炉，来造成一个“今日之幼稚园”！要造成今日之中国幼稚园，就是从今日起我们就要下功夫！

---

① 放假，指哥伦比亚大学所放“学术假”。该制规定，教授连续从事教学工作六年之后，第七年不安排教学，作为学术研究的专门时间。相关调研费、旅差费及其他科研费用，均可由学校报销。此处所指，系克伯屈六年后再放学术假时，请他邀约一位幼稚教师同来。

艺友制的教育①

【释义】

何谓艺友制？艺者艺术之谓，亦可作手艺解。友为朋友。凡以朋友之道教人艺术或手艺者，谓之艺友制教育。

【方法】

艺友制之根本方法为教学做合一。事如何做便如何学，如何学便如何教。教法根据学法，学法根据做法。先行先知者在做上教，后行后知者在做上学。共教、共学、共做，方为真正之艺友制；亦惟艺友制，始能彻底实现教学做合一之原则。

【史略】

中华教育改进社考察乡村学校后，深觉改造乡村教育非另辟途径不为功，故于民国十五年与燕子矶小学、尧化门小学、开原小学特约设置铺位，以便远道同志可以留校作较长时间之观摩。此为艺友制之发端。江恒源②适为江苏教育厅长，深以此法为然，即派其侄希彭至燕子矶小学共同生活，

① 本文录自商务印书馆1930年版《教育大辞书》。该书主编为唐钺、朱经农、高觉敷。陶行知担任该书特约编辑，做词条“教育改进”“生活历”“艺友制的教育”。自“艺友制教育”创立后，陶行知不仅在晓庄学校所属中心小学和幼稚园中试行，而且还联络鼓楼幼稚园、燕子矶小学等校联合招收艺友；其后，陶行知办理山海工学团和育才学校，也依旧沿用了“艺友制教育”。因此可以说，该制为“生活教育”的标志之一。

② 江恒源（1886—1961），字问渔，号蕴愚，别号补斋，江苏灌云人，职业教育家、中华职业教育社原副理事长。曾入北京大学国文系深造。先后在私立朝阳大学、中国大学任课务。时任江苏省教育厅厅长，后任河南省政府委员兼教育厅厅长。与陶行知私交甚笃，大力支持陶行知的生活教育事业。著有《伦理学概论》《农村改进的理论与实际》《职业指导》等。

以为回乡创办板浦小学之准备。江希彭留燕子矶数月，颇得互助之益。十六年秋，燕子矶幼稚园成立，丁夫人①偕同女毕业生二人随张宗麟指导及徐教员学办乡村幼稚园②，进步异常迅速。至此，同人益信此制不但为培养人才最有效力之方法，而且为解除乡村教师寂寞与推广普及教育师资之重要途径。此时虽有事实，却无名称，群戏称为徒弟制。但徒弟制实不足以充分表示此制之精神。直至十七年一月五日，始定名为艺友制。

【艺友制在师范教育上之应用】

艺友制之发现既以小学、幼稚园为发祥地，则其应用于师范教育，自较他门教育为速。教师生活是艺术生活。其职务亦是一种手艺，应当手到心到躬亲实行者。彼惟高谈阔论，妄自尊大，不屑与三百六十行为伍者，岂能当二十世纪教师之名？学做教师之途径有二：一是从师；二是访友。随友学较从师为更自然而有效。故欲为优良教师，莫便于与优良教师为友。现行师范教育，将学理与实习分为二事，所出人才与普通中学不相上下。国内少数优良小学全凭天才护持，至于师范教育之人为的贡献，尚属甚微。大多数曾受师范训练之人才至今办不出一所令人仰慕之学校，不亦深可叹息乎？艺友制以教学做合一为原则，自能纠正今日师范教育之流弊。民国十七年一月八日，南京试验乡村师范学校、燕子矶小学、尧化门小学、晓庄小学、鼓楼幼稚园、燕子矶幼稚园已开始联合招收艺友。此是用艺友制的旗帜正式招集同志之起点。一月九日作者曾在《申报》及《民国日报》上发表一文，题为《艺友制师范教育答客问》，略述艺友制师范教育之原理。南京特别市教育局学校教育课陈鹤琴课长同时向南京女子中学及南京中学师资科征求同意，派遣将毕业学生至市立实验小学充艺友。南京特别市教育局亦拟招收艺友十余人，以培植教育行政人才。现此制推行至为迅速，影响所及约有五端：一、凡有优良教师之学校皆可招收艺友，成为训练教师之中心；二、附属学校将失去惟一实习场所之资格，倘

① 丁夫人，即时任燕子矶小学校长丁超的夫人。

② 张宗麟，见《如何使幼稚教育普及?》注。徐教员，即时任燕子矶幼稚园园长徐世璧，见《如何使幼稚教育普及?》注。

附属学校欲负训练教师之责，便非根本改造不可；三、推行义务教育之师资可以增加一伟大之来源；四、优良乡村小学教师既可招收艺友，自能解除生活上一部份寂寞；五、根本推翻师范教育之传统观念。

【艺友制与艺徒制之比较】

艺友制与艺徒制之关系甚密切。由源头上观察，艺友制亦可谓是从艺徒制中脱胎而来者。艺友制与艺徒制之所同者，为教学做合一。艺徒制是在做上教、在做上学，艺友制亦然。但艺徒制有三种流弊系艺友制所革除者：一、艺徒制下之工匠待艺徒几如奴仆，至不平等；二、工匠所有秘诀心得对艺徒不愿轻传，故使艺徒自摸黑路，精神时间皆不经济；三、一切动作，偏重劳力而少用心，太无进步。艺友制则不然：教者学者既是朋友，便须以平等相待，以至诚相见，尤须共同在劳力上劳心，以谋事业之进步。

【艺友制之推行】

艺友制之成功，在乎指导之得人。故凡有指导能力者皆可以招收艺友，初不问其事业之粗细也。图画家、音乐家、雕刻家、戏剧家、电影家、著作家、新闻家、行政家、军事家、科学家、民众运动家、医生、教师、律师、技师、拳师、农夫、木匠、裁缝、商人，皆可以招收艺友。民国十七年一月十五日，中华职业教育社①为推广艺友制起见，决定拟订介绍办法，使有志青年得以依据兴趣、才能充当一种事业专家之艺友，以谋上进。该社并拟筹集艺友贷金，俾贫寒天才不致因经济压迫而失学。凡此皆推行艺友制之重要步骤也。

---

① 中华职业教育社，简称“职教社”，中国第一个致力于职业教育事业的社会教育团体。1917 年 5 月，由教育界、实业界人士共组，社址设上海，黄炎培长期主持该社。该社以“谋个性之发展，为个人谋生之准备，为个人服务社会之准备，为国家及世界增进生产力之准备”为目的，追求“使无业者有业，使有业者乐业”的理想。创办有中华职业学校、江苏徐公桥农村改进试验区、职业指导所等，并创办有《教育与职业》杂志。

儿童用书选择标准[1]

书有两种：一种是吃的书，一种是用的书。

吃的书当中，有的好比是白米饭，有的好比是点心，有的好比是零食，有的好比是药，有的好比是鸦片。

中国是吃的书多，用的书少。吃的书中是鸦片的书多，白米饭的书少。

我从前写了四句三字经[2]，警告一般不劳而获的人：

不做事，
要吃饭。
什么人？
是混蛋！

吃饭不做事，尚且不可，何况吃鸦片而不做事！

一个过合理生活的人，三餐饭当然是要吃的，可是也不能忘记那八小时的工作。要想工作做得好，必须有用的书。用的书没有，如何去做？一个学校要想培养双手万能的学生，自然要多备用的书，少备吃的书，而吃的书中尤须肃清一切乌烟瘴气的书。

---

① 本文录自1931年4月15日《儿童教育》第三卷第八期，作者署名为“吴健人”。本文是李楚材从方与严著《给青年朋友的信》书中发现的。王淑芳、邹青提供上海图书馆徐家汇藏书楼的复印稿本。全文倒数第三自然段之前的部分，曾以《怎样选书》为题编入1932年4月作者编著的《儿童科学指导》一书中，见四川教育出版社2005年版《陶行知全集》第5卷第637页。

② 四句三字经，是指陶行知1929年写的《该骂不?》中的第一首。后来收入1935年出版的《行知诗歌续集》时，他将“不做事”改为“不做工”，并注明“不”是不肯的意思。

可是，现在中国学校里的情形，适得其反：只有吃的书，没有用的书，而吃的书中，多是一些缺少滋养料的零食与富有麻醉性的鸦片。在这些书里讨生活的学生们自然是愈吃愈瘦，愈吃愈穷，愈吃愈不像人。

我们要少选吃的书，多选用的书。我们对于书的态度之变更，是由于我们对于儿童的态度之变更。我们在《儿童生活》[①] 杂志上发表对于儿童的根本态度是：

儿童是新时代之创造者，不是旧时代之继承者。

儿童是创造产业的人，不是继承遗产的人。

儿童生活是创造、建设、生长，不是继承、享福、做少爷。

新时代的儿童是小工人。

这工人，是广义的工人，不是狭义的工人。

在劳力上劳心便是做工。这样做工的人都叫做工人。新时代的儿童必须在劳力上劳心，又因他年纪小一些，所以称他为小工人。

小工人必是生产的小工人、建设的小工人、实验的小工人、创造的小工人、改革的小工人。

儿童的生活便是小工人生活、小生产生活、小建设生活、小实验生活、小创造生活、小改革生活。

儿童用书便是小工人生活之写实与指导。这里面所要包含的是一些小生产、小建设、小实验、小创造、小改革、小工人的人生观。

无论他是生产也好、建设也好、实验也好、创造也好、改革也好，他必须做工，他必须在劳力上劳心，他必须在用手时用脑。

这里所画的画是小工人做工之画、所唱的歌是小工人做工之歌。这里所问的问是小工人做工之问，这里所答的答是小工人做工之答，这里所用的数是小工人做工之数，这里所写之文字是小工人做工之文字，这里所介绍的工具是小工人做工之工具，这里所说的故事是小工人做工之故事，这里所讲的笑话是小工人做工之笑话，这里所主张的人生观是小工人认真做

① 《儿童生活》，1931 年在上海创刊，月刊，由竹因主编，儿童生活杂志社负责发行。该刊注重刊登随笔和笔记类文章，注重探讨儿童教育理论、教育观念，以及儿童与国家兴亡之间的关系，反映社会对新儿童的成长的期待。

工之人生观。

儿童用书既是以指导儿童做工为主要目的，那么，一本书之好坏，可以拿下列三种标准判断他：

（1）我们要看这本书有没有引导人动作的力量，有没有引导人干了一个动作又干一个动作的力量。

（2）我们要看这本书有没有引导人思想的力量，有没有引导人想了又想的力量。

（3）我们要看这本书有没有引导人产生新价值的力量，有没有引导人产生新益求新的新价值的力量。

怎样叫产生新价值？鲁滨孙①在失望之岛上需要一个缸子装水，愁着造不起来。一天，他看见锅灶前有一块碎土，拿起来觉得坚如石头。他想这或者是泥土见火变成的；继而他又想，碎土既能烧成石头，倘使把这种土做成一只缸儿也或者可以烧成坚如石头的水缸。他于是动手做了三只小缸，架起火来烧了几十个钟头，渐渐的让它们冷下来，破了一只，其余两只居然是点水不漏。这里有动作、有思想、有新价值之产生——泥土的价值变为水缸的价值。

让我再举一个物质未变而价值变了的例子。贾母在大观园里请客游船。她和刘姥姥以及长一辈的坐了一只船向前走，后面宝玉、宝钗、黛玉姊妹们另外坐了一只跟着。宝玉说："这些破荷叶可恶！叫人来把他砍掉。"黛玉说："李义山②的诗我素不喜读，只喜他一句，'留得残荷听雨声'。"宝玉说："果然好句，以后再别叫人把破荷叶砍掉。"宝玉要砍破荷叶便是动作之始。黛玉想了一下，将她所想的结果，说给宝玉听。宝玉想了一想，引起态度上一个根本的变化，破荷叶没有变而它的价值变了——可憎的破荷叶变了天然的乐器。这叫做新价值之产生。

---

① 鲁滨孙（Robinson），《鲁滨孙漂流记》中的主要人物。该书描写他遇险幸存后，如何孤独地生活在荒凉的小岛上。该书作者为笛福（Daniel Defoe，1660—1731），英国小说家、报刊撰稿人，被称为英国小说和报刊文学之父。

② 李义山，即李商隐（约813—约858），字义山，号玉谿生，又号樊南生，唐代著名诗人。

上述之三种标准是选择用书标准。这在用书众多的社会里固可以凭您挑选，而在用的书少、吃的书多之中国，这些标准实不啻虚设。但依此标准以编可用之书，也是有志造福儿童者之一件大事。暂时，如果用书可选者很少，不妨在各书中选择可用的材料，沙里淘金，劳而后获。这些标准也似乎有它们的用处。

科学的孩子①

问真、探真两位小宝宝：

你们知道现在是一个科学的世界。科学的世界里应该有一个科学的中国。科学的中国要谁去创造呢？要小孩子去创造！等到中国的孩子都成了科学的孩子，那时候，我们的中国便自然而然的变为科学的中国了。

我希望你们俩从今天起，立刻变为科学的孩子。你们或者要问："这科学的孩子是怎样的变法呀?"

你们要攀上科学树去摘几个科学果子，一吃，便会变成两个可爱的科学的孩子。我现在送你们两种书：一是小朋友书店出版的《儿童生活》；一是儿童书局出版的《儿童科学丛书》。这些书会教你们怎样攀上科学树、怎样去摘科学果子、怎样变个科学的孩子。

这些书不是给你们看的，乃是引导你们玩科学的把戏②，做科学的实验。如果你们藏而不看，看而不做，那就算是辜负我的好意了。

---

① 本文录自陶行知自编杂文集《斋夫自由谈》(1932 年)。本文发表于 1931 年 11 月 8 日《申报·自由谈·不除庭草斋夫谈荟》。1931 年夏，陶行知在申报馆总经理史量才的支持下，开展"科学下嫁"运动，创办"自然学园"，编写《儿童科学丛书》，创设"儿童科学通讯学校"，致力于儿童科学普及工作，并视此为普及教育的重要内容。问真、探真，系陶行知为其二子陶晓光、三子陶刚所取的别名。当年，陶晓光 13 岁、陶刚 12 岁，正是渴求科学知识的年龄。此外，陶行知为何对"真"字情有独钟？这或许因为科学必须求真（道德求善、艺术求美）的缘故。

② 科学的把戏，即科学实验，如化学实验中液体的颜色变化或新物质的生成，又如物理实验中的电磁感应或发光现象，等等。

现在差不多要到冬天了，你们怕就要戴上手套吧？科学的孩子的手是一天忙到晚，用不着手套。你们向妈妈禀告说："今年我们都是科学的孩子，不再戴手套了，请您把买头绳的钱，给我们买实验的材料吧。"

我寄给你们的东西，请你们放心吃！从前买可可糖[①]送你们，我必先吃一块，看看里面坏了没有。这次送你们的科学果子，我都尝过，你们放心吃吧！

这些科学果子里，有几个是我亲自摘的[②]，放在花篮里，一起送给你们。这样，我送给你们的果子，同时可以送给全国的小朋友一同尝。新时代的孩子一定赞成这个一举数得的办法。

你们吃了这些果子，我不希望别的报酬，只希望你们每星期写一封信，告诉我玩了几个科学小把戏，做了几个科学小实验，使我知道你们是的确变了科学的孩子，抱着决心去创造一个科学的中国，我就心满意足了。

祝你们努力向科学树上攀，攀得高高的，把那肥大的果子摘下来，给全世界的人吃。不要只顾自己吃得一肚饱，忘了树底下的民众。

你们的爸爸也是你们的朋友

① 可可糖，通称巧克力，又名朱古力，是以可可粉为主要原料制成的糖果。

② 我亲自摘的，是指《儿童科学丛书》中有几本书是陶行知亲自编写的，如《儿童的度量衡》《空气的科学把戏》和《肥皂的把戏》。

小朋友的鸡[1]

——给徐君企周的一封信

我最近很欢喜研究自然科学，所以接到《师范生》月刊[2]第二期，翻到您写的《小朋友的鸡》一篇文字，便从头到尾一口气把它看完，觉得实在是好极了。您用这个初看很小的题目，竟能引起小朋友一个个的把问题像珍珠样滚下来，这是多么美丽的一种艺术呀！您抱着那“知之为知之，不知为不知”[3] 的态度来应付这些问题，也是恰到好处，钦佩得很。

我一面看这篇文字，一面觉得我自己好像也变了一位小朋友在您班上参加讨论。我设身处地一想：假使我是您班上的一位小朋友，在这些问答之外，我还有什么请教的地方？我仔仔细细的想了一番，预备要提出两个请求：

（一）请求大家到了适当的时令，便动手在学校里或家里孵鸡；

（二）请求用科学的方法探求孵鸡的道理。

教育法的演进，大概可以分为四个阶段：

第一个阶段，凭先生教授，不许学生发问；

---

① 本文录自陶行知自编杂文集《斋夫自由谈》（1932 年）。本文发表于 1931 年 12 月 14 日、15 日《申报·自由谈·不除庭草斋夫谈荟》。徐企周（1909—?），江苏宝山人，曾肄业于晓庄师范。他当时在《师范生》杂志上发表了《小朋友的鸡》一文。陶行知读后，颇多感触，特致函予以肯定，并阐释了自己在教学法方面的独到见解。

② 《师范生》月刊，系由晓庄师范毕业生方与严主编、由上海儿童书局出版的杂志，1931 年 4 月 15 日创刊。陶行知实为幕后主持人。在创刊号上，他以“时雨”为笔名，发表了《师范生的第一变——变个孙悟空》。该文可视为《师范生》的发刊词。

③ 语出《论语·为政》。完整原文为：“子曰：‘由！诲女知之乎！知之为知之，不知为不知，是知也。’”

第二个阶段，师生共同讨论，彼此质疑问难；

第三个阶段，师生共同在做上学，在做上教，在做上讨论，在做上质疑问难；

第四个阶段，师生运用科学方法在做上追求做之所以然并发见比现在可以做得好一些的道理。

您自己在家里养过鸡，可算是已经达到第三个阶段。您的教育法在这一课上所表现的，只可算是达到了第二个阶段。我看您是一位很有希望的教师，最好不要在这第二个阶段上流连。您得立刻鼓起勇气向第三和第四个阶段进攻。

我猜度你或者已经想到了后期的进展，怕是因为环境的阻碍，所以不得已停止在第二个阶段上。这，我们当然有相当的原谅。范静生①先生告诉过我，从前京师大学②因为日本教习在讲堂上教学生解剖了一只羊，引起了西太后③震怒，管学大臣张百熙④急得入朝叩头自请处分。这和您的

---

① 范静生，即范源廉（1876—1927），字静生，湖南湘阴人。早年就读于长沙时务学堂；后留学日本，入东京高等师范学校专攻教育。1905年，任清廷学部主事，主持创设法律学堂和殖边学堂。中华民国成立后，历任教育部次长、中华书局总编辑部部长、教育总长、北京师范大学校长、中华教育文化基金委员会董事长等职。陶行知在主持中华教育改进社期间，与他熟识。范静生主张：要重视“明世界大势”的教育；要注意科学教育，并多致力于实用的科学；要培养学生和国民的尚武精神；要提倡爱国的感情。

② 京师大学，即京师大学堂。中国近代最早的国立大学，以“广育人才，讲求时务”为宗旨。该校创设于1898年12月，1900年“庚子之变”后停办。1902年复办后，有多位“日本教习”。1912年改名为北京大学。

③ 西太后，即慈禧太后（1835—1908），叶赫那拉氏，谥孝钦显皇后。为晚清的实际当政者。

④ 张百熙（1847—1907），字埜秋，号潜斋，湖南长沙人，同治十三年（1874）进士，历任山东乡试副考官、山东学政、四川乡试正考官、日讲起居注官、国子监祭酒、江西乡试正考官、广东学政、内阁学士兼礼部侍郎、礼部右侍郎、都察院左都御史、工部尚书、吏部尚书等职。时任京师大学堂管学大臣，为清末新教育的倡行者。著作有《张百熙奏议》《退思轩诗集》等。

孵鸡大同小异。不过在文明的上海，像“学校重地，毋许孵鸡”一类事，大概不致发生吧？因此，我劝你鼓起勇气，干他一下。

第一个阶段的教育连花也不会开，何况果子！第二个阶段的教育，只会开花，不会结果。到了第三个阶段才会结果，但未必有美味而硕大的果子。要想有美味而硕大的果子，必得跳上第四个阶段。第四个阶段，是教学做合一之极则。它在此处已与科学打成一片了。

试拿小朋友的鸡做个例子。孵鸡是必不可少的活动。若是养鸡两群：一群有公鸡，一群无公鸡，将两群鸡所生的鸡蛋各做一记号，孵起来，看那群的鸡蛋孵得出小鸡来，那就更好了。再进一步，把孵了五天、九天……的蛋，看看起了什么变化，做起一套从鸡蛋发育到小鸡的标本来，岂不是更有意思吗？再进一步，试验各种鸡生蛋力及遗传之比较。在小学里并不是不可以逐渐推行的。当然，小学还有别的功课，不是孵鸡研究所，那能尽量的干？可是孵几只鸡，做几套标本，总不能算是奢望。您是有经验的小学教师，您看我所陈述的这些意思对不对呢？希望您不吝指教。

祝您领导小朋友们向大自然进攻。……

儿子教学做之一课[①]

民国十七年，我用上等宣纸装订了一本美丽的大簿子，放在办公桌上，以备学生们质疑问难。[②] 这本簿子的封面，贴了一条泥金的标签，上面由我自己写了“人生问题”四个字。簿子旁边放了一张通告：欢迎大家将各人心窝里的问题写出来，使我可以预先考虑，再行答复。在美的簿上写心中事，是多么有诗意的一回事啊！不消说得，“鸡脚字”是不好意思写在上面。我的目的是达到了：同学们每人来写问题之先，必将问题里面的一些字练习好多次，才愿下笔。所以我这本簿子不但是网罗了如珠似玉的问题川流不息的来到，而且写问题的字无形中也就艺术化了。

一天，我把“人生问题”簿翻开一看，发见了这样一个问题：“夫子的儿子教学做，可得而闻乎？”

这问题的涵义是丰富极了，给了我一个很深刻的戟刺。从此以后，我便时常自己问自己说：“儿子教学做这门功课该如何去上？”现在，把最近上的一课发表出来，以供有儿子的人们参考。

儿子要在做上学、在做上教，这是没有疑义的。我希望每个儿子做成一个什么样的儿子；我得把我自己先做成那样一个儿子。我要教儿子自立

① 本文录自陶行知自编杂文集《斋夫自由谈》(1932年)。原文分为两篇——《儿子教学做之一课（上）》《儿子教学做之一课（下）》，现合并为一篇。本文发表于1932年1月23日、24日《申报·自由谈·不除庭草斋夫谈荟》。“教学做”系晓庄学校对教学或课程的崭新称谓。它要求，必须贯彻“教学做合一”的原则。

② 此事发生在陶行知担任晓庄学校校长期间。此“办公桌”，即晓庄学校校长室中的校长办公桌。

立人，我自己就得自立立人；我要教儿子自助助人，我自己就得自助助人。最近我和小孩们商议出一个自立立人、自助助人的教学做过程，内分四个阶段：

第一个阶段，三餐喂得饱，个个喊宝宝；

第二个阶段，小事认真干，零用自己赚；

第三个阶段，全部衣食住，不靠别人助；

第四个阶段，自活有余力，帮助人自立。

我现在第四个孩子，六岁，尚在第一个阶段。第三个孩子，十岁，在乡下时，已到第二阶段；现在进城来，又回到第一阶段。第二个孩子，十三岁，是在第二个阶段。第一个孩子，十七岁，是上了第三个阶段。同时大家还在求学，一起向了第四个阶段努力前进。

中国社会对于小孩的教育，普遍只有两个阶段：一是全然依赖；二是忽然自立。这中间缺少渐进的桥梁。倘若成人突遇变故，小孩失其所依，这是多么难受的痛苦啊！

《儿童科学丛书》的用法[①]

——致教师、家长和小朋友

爱用《儿童科学丛书》的教师、家长、小朋友：

我们编辑这部书的目的在引导小朋友把自己造成科学的孩子。科学的孩子必得动手去做，用脑去想，所以这部书是科学的孩子实验、观察、思想的指南，而不是静坐在那儿“诗云子曰”一样的读书。如果买了回去，读而不做，做而不求做之所以然，那便是违背我们编书的宗旨了。

但是这些书不是单为小朋友编的，凡是幼时没有学过科学的成人，都可以像小孩子样从头做起即是从头学起。倘使您是位学贯中西的教师、家长，也别轻看这些书。它们能够帮助您去引导孩子们从事科学的工作。您每天自己先玩一两个把戏，玩成功了，再教孩子们一起来玩，一起来谈，一起来想，不消几个时候，您便变成了一位科学的教师、科学的家长，而您的孩子便变成了科学的孩子。

孩子有很小的，有很大的；有能看书的，有不能看书的。千万不要让文字挡着科学之路。会看书的大孩子，自己可以依着书上所画的路线去追求。那年小而不认识字的，可以先玩科学把戏，等到大一点再看科学的书。我们把已出版之四十册，将小标题提出，略依年龄、学级排列。

幼稚生系指四五岁的孩子。他们有一些科学把戏可以玩，但绝对不可教他们看书，连字也不必勉强他们认。低年生系指六七岁的孩子。他们不

① 本文录自安徽人民出版社1981年版《行知书信集》。本文写于1932年4月17日，首次发表于上海儿童书局是年6月出版的《儿童科学指导（三）》。《儿童科学丛书》系陶行知联络陈鹤琴、丁柱中等人共同编纂。陶行知自编有《儿童的度量衡》《肥皂的把戏》《空气的科学把戏》等数种。文中对教师、家长和小朋友不仅进行了方法上的指导，还提出了具体要求，从而使科学普及易收成效。

但能玩许多科学把戏，并且还稍认几个字，但不可勉强他们看书。中年生系八九岁的孩子，可以教他们一面干些合乎他们的能力的实验，一面开始教他们用书。高年生系指十岁以上的孩子，如果小时没有失学，这些书只要有一本字典，便可以自己看得懂了。这些须教他们不以看书为满足，必在实验上去追求真知识。我们这样分类，也不可把它看得太呆了。聪明的幼稚生何妨顺便认两三个字，笨的高年生也不必苦苦的要他看书。科学把戏只要玩得成功，玩了一个，便想玩第二个，并且说得头头是道便算满意。若能独出心裁，干得与书不同，这孩子在将来便有发明创造的希望。至于暂时能否认字看书，并无重大关系。我们决不可因他不能看书，便不教他实验。

有了以上的说明，你们便可以拿下面所列的表，做教导孩子的参考。幼稚生、低年生、中年生、高年生的自然科学的一部分的课程，便可以假定试验，随时修正。

假使您有四十位学生要教导，您可以挑选几位富有科学兴趣、才能的学生做您的助手。您与小孩们在科学的生活中共同参加了一两天，便可以使您有知人之明。小学生决不会推诿。您得了几位助手，可就事半功倍了。

有些实验所用的工具，只是家常用品和一些竹头、木屑、芦秆、洋铁筒、酱油瓶、破布、烂棉花罢了，用不着多大经费。先把这些实验干了，一面共同省吃俭用生产，随时添置工具去干其余的实验。

如果每样工具只有一套，那么四十位学生就有分配的困难。这也可以有个法子解决：每四人分一组，共分十组，同时有十种实验进行，每组轮流的干，干完十种再换。您若有几位助理，加以特殊指导，这个办法便不难行得通。

中年生、高年生须有实验记录簿，将每个实验的情形写一篇报告誊在簿上。应列的细目，是活动名称、工具、材料、画图、做法、论理等等。这个簿子是必须有的。教师对于幼年生、低年生、中年生、高年生都该各有一本考核簿，登载每一个学生一学期所干的科学活动。

全书有什么错误，我们所建议的方法推行出去有什么困难，诸位教师、家长、小朋友用这些书时有什么心得，都希望大家提出具体的例子随时指教，以备汇齐，修正、重印，作为全国同志更进一步之参考。

陶知行

四月十七日

儿童科学教育①

在二十世纪科学昌明的时代，应当有一个科学的中国。然而科学的中国，谁来负起造就的责任？就是一班小学教师。造成科学的中国，责任大得很啦。小学教师们一定要说："我们负不起这种重大的责任。"别怕！我想造成科学的中国，也只有小学教师可以负责。因为要建设科学的中国，第一步是要使得中国人个个都知道科学，要使个个人对于科学上发生兴趣。年龄长大的成人们，对于科学，引不起他的兴趣来。只有在小孩子身上，施以一种科学教育，培养他们科学的兴趣，发展他们科学上的天才。只要在孩子们中培养出像爱迪生样的几个科学杰出人才，便不难使中国立刻科学化。所以我说，要造成科学的中国，责任是在小学教师。但是，谈到科学教育，在施行上大家都觉有些难色。因为科学是一种很高深、很精微的学问，小学教师的本身，对于科学尚未登堂入室，而要负起科学教育的责任，谈何容易。殊不知，科学并不是很难的东西。高深的科学，固然很难研究；但是浅显的科学，我们日常玩着的，人人都会做。我们用科学的教育训练小孩子，譬如叫小孩子爬树。你教人爬树，如可从小教起，到了成大〔人〕，便会爬到树顶。如可教成年学爬树，势必爬到皮破血流，

① 本文录自杭州师范学校自刊《师范教育学术讲座演讲集》第一辑（1932年6月）。本文系演讲记录，演讲时间为1932年5月13日下午，记录者是杭州师范学校学生。（文末有"二十一年五月十三日杭师纪念厅"语。）1932年5月13日早，陶行知率儿童科学通讯学校指导员一行六人赴杭州，应邀在杭州师范学校发表演讲，普及儿童科学教育。演讲后，陶行知当即要他的次子陶晓光等指导员分四桌演示科学实验。围观师生，均饶有兴味。次日，陶行知又赶赴位于萧山的浙江省立乡村师范学校发表演讲和表演实验。

非特爬不到顶，并且于他的手足伤害了许多。所以，我们必先造就了科学的小孩子，方才有科学的中国。

造成科学的小孩子，向来教师是不注意的。检查过去的事实，父亲、母亲倒或有一些帮助。如今我要讲二个故事：一是讲述一个造就科学小孩子的父亲，一是讲述一个造就科学小孩子的母亲。我们不是大家都知道一位大科学家，富兰克林[①]（Franklin）吗？富氏是证明天空的电和我们人工摩擦出来的，是一样的东西。天空的电，可以打死人，富氏于是制成避电针[②]。他是在科学上一位很有贡献的学者。他的父亲是做肥皂和洋烛的。他自己能教小孩子。富氏入校读书不久，便去学手艺。他的父亲任凭他东去看看，西去做做，随意的、自由的去工作，去参观。他愿意做什么，便让他做什么。所以，使他对于工厂中的化学和工作很有兴趣。富氏自传中谈起，他四十岁然后从事于科学。然而富氏对于科学的兴趣，在很小时候，东看西玩的已经培养成了。这是他父亲的功绩。所以，小学教师也须得率领儿童，常时到工厂、农场和其他相当的地方去玩玩。

去世不久的爱迪生氏[③]，举世都承认他是一位大科学家。他关于电气上的发明，数目真可惊人。他有一个很好的母亲。他不过进了三个月的学校。在校时，校中的教师，都当他是一个十分顽劣的小孩。所以入校三个月，便把他开除了。爱迪生从此以后也从来没有进过学校。他的母亲知道

---

① 富兰克林，即本杰明·富兰克林（Benjamin Franklin，1706—1790），美国科学家、发明家和政治家。他在电学、数学、热学和光学方面，均有极深造诣。他不仅发明了众所周知的避雷针，还发明了摇椅，改进了路灯。在政治方面，他创立了议员选举法，组织了消防厅，还创立了邮政制度，参与了《独立宣言》的起草工作。

② 避电针，通称避雷针或防雷针，标准名称为“接闪器”，是用来保护建筑物等避免雷击的装置。它由富兰克林于1752年发明。

③ 爱迪生氏，即托马斯·阿尔瓦·爱迪生（Thomas Alva Edison，1847—1931），美国发明家。他是历史上第一个利用大量生产原则和工业研究实验室来生产发明专利的人。他拥有超过2000项发明，包括留声机、电影摄影机、钨丝灯泡等。在美国，爱迪生名下拥有1093项专利。1890年，他创办爱迪生通用电气公司（今通用电气前身），将发明付诸规模化生产。

自己的小孩子并非坏东西，反怪校中教师只会教历史、地理，不能适合自己孩子的需要。因为那个时候的爱迪生，十分爱玩教〔科〕学的把戏。在学校的时候，也只爱玩这一套，而不留心学业，所以遭受教师的厌恶。西洋人的家里，都有一个藏贮杂物的地窖。爱迪生即在他家中的地窖里，玩他科学的把戏。他在地窖中藏着许多玻璃瓶，瓶里都是藏着化学品，有的药品而且是毒性猛烈的。爱迪生的母亲，起初亦不愿孩子玩那些毒药，要想加以制止，但是不可能，于是也任他去玩了。玩化学上的把戏，须要用钱买药品。爱氏在替他母亲出外买东西时，必定要揩一些油，藏几个钱起来，去买药品。后来他做了一个报贩，在火车上卖报。他卖报赚下来的钱，大部分是去买化学药品的。他并且在火车上堆货包的车棚里，贮藏他的玩意儿。报纸卖完，便躲在车棚里玩他的把戏。有一回，车棚坏了，把他化学的瓶子打破，于是烈火融融，把破坏的车棚烧了起来。车上的警士跑来一看，知道是爱迪生出的岔子，于是猛力的向爱氏一个耳聒〔刮〕，把爱氏的耳朵打聋了。后来据他自己说，耳朵聋了以后，反而使他专心科学。

我希望中国的父亲，都学做富兰克林的父亲；中国的母亲，都学做爱迪生的母亲。任凭自己的小孩子去玩把戏，或许在其中可以走出一个爱迪生来。我更希望，中国的男教师学做富兰克林的父亲，女教师学做爱迪生的母亲。所以说出这二个故事，作为我提倡教科学教育的楔子。

再说我们提倡科学教育，怎样的来干呢？我们的教育，向来有许多错误：小时读书，便成了小书呆子；做教师时，便成了大书呆子。因此，我们中国没有什么科学，没有什么爱迪生的产生。不但是中等教育完全是洋八股①，就是小学也成了小书呆子的制造场。我们提倡科学，就是要提倡玩把戏，提倡玩科学的把戏。科学的小孩子，是从玩科学的把戏中产生出

---

① 洋八股，即相对于“土八股”所创的新词。八股是明清科举考试所规定的一种文体，要求依照死板的程式为文，且不许另立己意。此后，八股便成为教条的代名词。当西洋文化涌入后，又有人奉此为教条，如教育方面的班级授课制、五段教学法等，即为洋八股。

来的。我们要小孩子玩科学的把戏，先要自己将把戏玩给他看。任小孩子自由的去玩，不能加以禁止，不能说玩把戏的孩子是坏蛋。

明朝〔东吴、西晋〕时代，江苏宜兴有一位叫周处[①]的，他有些无赖的行为。当时宜兴的父老，称说地方有三害：一是南山猛虎；一是长桥蛟龙；一就是指周处。周处听到了这话，他便杀了猛虎，刺死蛟龙，自己亦改过自新，替地方上除掉三害。我们从事教育的人，也要学着周处，须得自己悔悟，改过自新，不要教成书呆的小孩子，而要教〔造〕就科学的小孩子。然则取怎样的态度呢？可以略为申述我的意见：

（1）每个教师都变成小孩子，加入小孩子队里玩把戏。所谓把戏，并不是上海“大世界”[②] 游艺场所玩的把戏。像教师这样的尊严，说加入孩子队中玩把戏，似乎不妥当。然而科学把戏，和别的把戏不同。把戏上面加着“科学”二字，冠冕得多。教师应当和小孩子一起玩，而且应当引导小孩子同淘玩。“大世界”的把戏是秘密的，科学把戏是公开的。知道的就告诉学生，能做的就做给学生看，终须热忱的去干。

（2）我对于科学的把戏，既是愿意和小孩子一起玩了，但是没有玩的本领，便怎么办呢？不要紧，有法儿可想。我们可以找教师，请他教去。我以前曾经写了一首白话诗[③]，诗上第一句说“宇宙为学校”。此话怎讲？就是想把我们的学校除墙去壁，拆掉藩篱，把学校和社会、和自然联合一起。这样一来，学校的范围广而且大。第二句“自然是吾师”，大自然便是我们的先生。第三、第四句说：“众生皆同学，书呆不在此。”这样一来，我们研究切磋的同学很多，学问也因此很广，先生亦复不少。只要把

① 周处（约 236—297），字子隐。西晋义兴阳羡（今江苏宜兴）人。父为鄱阳太守，少时凶强侠气，为乡里所患。后幡然悔悟，改过自新，不仅“除三害”，还历仕东吴和晋，最后战死沙场。

② “大世界”，上海知名娱乐场所的名称，全名“大世界游乐中心”，位于西藏南路、延安东路交叉口，始建于 1917 年，素以游艺、杂耍以及南北戏剧、曲艺为特色。杂耍中的魔术，当时俗称“把戏”。

③ 此诗题为《诗的学校》，所引为其中的第一节。作于 1931 年，收入陶行知自编的《知行诗歌集》（上海儿童书局 1933 年版）。

我们书呆的壳子脱掉，在我个人中了书呆子的毒很深，要返老还童的再去学习，固然困难；然而，我极力还想剥去书呆的一层壳。如今，我报告我的几桩经过的事情。有一会〔回〕，我买了一表送我的母亲，这表忽然坏了，便送到修钟表匠那边去修理。修表的人说："要一元六角修费。"我说："可以。不过我有一个条件，在拆开的时候，我要带领我的小孩子来看你拆。"他于是承认了。替修钟表匠约定在明天下午一时。到那个时候，我带领了四五个人同去。看他修理，看他装。完结的时候，我问修钟表匠说："你们的工具和药水，到什么地方去买的？"他以为我们也去开什么修理钟表店，未免抢了他的生意经，所以秘而不宣，随随便便回答我们，说是外国来的。我想，物件当然是外国来，但是中国店家，当然也有买处。上海的钟表店，最大的有亨达利。我且到亨达利去问声，究竟有否出买。谁知亨达利的楼上，多是买修表器械和药水的场所。我便买了几样回来。当晚，就到小押当里面去买到了一只表，化〔花〕钱七角。拿回动手开拆。拆时，不费多久，一下便拆开了，但是装可装不上去。直到晚上十二点钟，方才成功。于是，大家欢天喜地，不亦乐乎。第二、第三天，大家学着做修表、拆表的工作。学不多时，好而且快。有一位董先生①，他是擅长图画的。于是，叫他拆一部，画一部。经此一番工作，而装钟、拆钟，全部告成。我们在这一桩事实中，可以说，社会各处都可以求获一种技能。钟表店是我们的教室，钟表匠是我们的教师，一元六角便是我们所纳的学费；而我们同去学的儿子、父亲、朋友，都成了同学。回家学习，学习会的，便算对于这一课已经及格。在同队中间，只有我尚不及格。因为我小年手没有训练，书吃得太多，书呆程度太深了。如果我小时候的先生，他用这种方法教我，我不至如此啊！但是，我们自己只要肯干，我们的先生很多，不要自己顾虑的。

---

① 董先生，即董纯才（1905—1990），湖北大冶人，晓庄师范首届学生。20世纪30年代早期，在上海追随陶行知从事"科学下嫁运动"，参与创设自然学园、儿童科学通讯学校，参编《儿童科学丛书》和《儿童科学活叶指导》。1937年赴延安，后历任东北人民政府文化教育部副部长、中华人民共和国教育部副部长、中央教育科学研究所所长等职。

我如今再举一个例子。南京的晓庄学校，自从停顿以后，校具都没有了。如今晓庄又开学[①]了，几个小学校都已恢复，幼稚园的儿童已有八十多人。我写封信对主办的人说：“你们此刻的工作对象，譬如一张白纸，白纸可以随意作画。我希望你们不要乱画。第一笔切须谨慎。”从前孔夫子的讲学，讲堂里没有凳子及桌子；苏格腊底[②]率领弟子在树下讲学，把树根当作椅子。我说这两位先生，有些书呆气。既然没有椅子坐，为什么不自己制作起来呢？如今晓庄学校没有凳子，我们可以请一个木匠来做太先生，教教师和小孩子做凳，而且给以相当的工钱。做一工，或做一张椅子，便给他多少钱。这种工作，十二三岁的小孩很会做。所以，自己不会教，可以请太先生。有一天我在上海，走过静安寺路，看见一个女人，手提一花络，上面插着许多棕树叶做的好玩东西。这种东西，在小孩子眼光中看来，着实比洋囡囡好看。于是，我便把他请到家里，做我们的教师。教了二小时，结果给我都学会了。做几个虾儿、几只蚱蜢，真是孩子们的好玩意儿。这样看起来，七十二行，行行都可做我们的教师。自己愿意学了，先生有了，但是学校没有钱，便怎样办呢？

原来大家误会得很，以为施行科学的教育，一定要大大的花一笔钱，不知有些科学不十分花钱，有些教学简直一钱都不要花。我们在无钱的时候，可以做些无钱的科学，玩些不花钱的科学把戏。譬如教小孩子看天文，教小孩子看星宿。天文是一种科学。这种科学，你如果说要花钱，便千百万块钱也可花。因为造一个天文台，置些天文镜及其他仪器，那么百万千万块钱，用去也不嫌其多。说要不花钱的话，我们也可以研究天文，

---

① 所言“开学”一事，系指 1932 年 2 月 22 日国民政府内政部宣布取消对陶行知的通缉令后，又通知将发还晓庄学校校产。陶行知随即派出马侣贤、戴自俺、易铁夫、郑先文、严竟成、王作舟六名晓庄学生前往接收，并恢复办理了若干中心小学和幼稚园。然而复校仅三个月，当局再次派兵进驻学校，使复校计划夭折。

② 苏格腊底，即苏格拉底（Socrates，前 469—前 399），古希腊哲学家、教育家。其教学，既无一定对象，也无一定地点；教学方法，则以谈话法（或称问答法）为主。

推求时刻和节气。我们二只眼睛，便是一对天文镜；用两根棒，便可作窥视星宿的器具。从前小孩子问他的老师说："先生，这是什么星？"老师只摇着头说道："不知。"如今教师懂得一些科学，知道一些天文，将天空的星宿指点给小孩子看，小孩子一定兴趣浓郁。所以教科学，有钱便做有钱的布置，无钱便做无钱的事业。

还有，我们可以利用现成的东西，玩我们科学的把戏。譬如一杯、一面盆、一玻璃管、一张白纸，可以玩二十套科学把戏。其他校中所有的仪器，可以充分利用，火柴、废纸，都可做玩科学把戏的工具。我们没有玻璃管，便可用芦柴管通个孔来替代。内地如果买不到软木塞，可以用湿棉花来作瓶塞。破布、烂纸，都可利用。从不花钱的地方干去，这是很有兴趣的。如可推而广之，学校之外，也可给你去干，那是兴趣更浓了。所以我们没有钱，便拣着没有钱的先干。

我如今再可以举一个例子。上海有一个外国人，他专门研究上海所有的鸟，共历五年之久。如今，他著成一本书，就署称《上海的鸟》。此书价格要四块美金。另有一外国人，研究中国南部的鸟，也著一部书，买起来要花十二三元中国钱。居住在上海的中国人，以为上海人烟稠密，那里有什么鸟？这是他们不留心研究的缘故。据这位外人的研究，认为上海有四十九种鸟。我们别说上海了，就是内地的乡村，以为除了雀儿、燕子、老鹰、喜鹊四五种鸟之外，没有其他的了。这种见地，狭匝得很。如果以宇宙为学校，则我们不必在教室中求知识，四处都可以找知识，四处都有相当的材料。要研究鸟类，真不必到什么博物院、动物院中去观察，随时随地都可研究。这位外国先生，他研究鸟的方法，就是在住宅旁边多种些树；树一长大，许多鸟儿便自己送来给他观察。到了冬天，他在树上筑几个窠，留鸟儿们来住宿；庭园里撒些谷类，留过往的鸟类吃点心；夏天置几个水盆，供给鸟儿洗澡。这些研究法，不必花钱；而所得者，都是很真切的知识。

惟在研究科学教育时，有一点要注意，要预防。小学中的教师，捉到一个蝶儿、蚱蜢，便用针一根，活活的钉在一块板上，把他处死，说是做标本。这我以为不对。因为我们观察生物，是要观察活的生物，要观察生物的自然活动。如今，将活的生物剥制成死的标本，致将生物学成了死物学，生物陈列所变成僵尸陈列所。我近来曾写信和研究生物学的朋友讨论及此，以为生物不当把他处死、做标本，只可待他死了以后，然后用防腐剂保护他；看作朋友死亡了的保存遗躯留个纪念。把活的东西弄死，太嫌残忍，增长儿童残酷的心理，这是不行的。这种意见，我常与研究生物的朋友讨论，他们都说对。他们和我讨论的时候，态度很诚恳，想不至于奚落我罢！上海科学社①中养有白鼠，工人要拿几只回去，我不许。恐怕他拿了回去要弄死。我们教小孩子能仁慈，知道爱惜生物，这点是很紧要。达尔文②研究生物学，他也不轻易杀害生物。中国老年人，多爱惜生物。放生戒杀，虽近迷信，也是仁者胸怀。中国的蛙，向来由政府禁止捕捉的。但是在英国，别说普通人的捕捉，便是生物实验室中要想解剖一蛙，也要向政府去纳护照。这是很正当的。所以，我们要教小孩子养生，不当教小孩子杀生。生物学是一种有兴味的科学，研究起来，也很有许多材料，但是少杀生是要注意的。

我还可以申述我得到的感触。我们知道，蛙是从蝌蚪变成的。蝌蚪是粒粒，像灵隐③的念佛珠般大小。有一天，一个孩子从外面的河边，掏着一群蝌蚪，移殖到一个天井中的小小池潭里。过了几天，蝌蚪生尾了；再过几天，蝌蚪生足了。小孩子观察得很快活。再过几天，蝌蚪挤得一片墨黑。但是不久，一个都没有了。这并不是成了蛙跳走了的，原来都死光

---

① 上海科学社，即当时社址设于上海的“中国科学社”。该社为中国创设最早的现代科学学术团体，由中国留学生于1915年在美国康奈尔大学创立，旨在“提倡科学，鼓吹实业，审定名词，传播知识”。科学社的主要发起人为任鸿隽、秉志、胡明复等九人，任鸿隽为首任社长。1918年迁至国内，总社设于南京。1928年定址于上海。办有生物研究所、明复图书馆、中国科学图书仪器公司，出版有《科学》《科学画报》《科学季刊》等杂志。

② 达尔文，即查理·罗伯特·达尔文（Charles Robert Darwin，1809—1882），英国博物学家，进化论的奠基人。他性格温和，即使在进行环绕世界的科学考察航行时，也珍惜生命，注意保护生态。著有《物种起源》等。

③ 灵隐，即位于浙江省杭州市的灵隐寺。

了。这是因为蝌蚪长大了，还是等在小潭里，生活条件不适合，所以非死不可。如果我们抱着宇宙即学校的观念，那么野外的池塘，便是我们蛙的实验所。我们要看蝌蚪的变化，我们时常就到那个池塘里去看，为什么还要把蝌蚪捉到家中来呢？我们任凭生物在大自然中安居乐业，过他们的生活。要观察，便率领小孩到自然界去观察。我们须把我们学校的范围扩展，海阔天空，便是一个整个的学校。这样一来，所观察的，也就比较真确可靠，生物学也不致成为死物学。不然，要讲蛙时，便拾取许多蝌蚪，养育在学校中所备的缸或瓶里，结果死得精光。我希望，这样的科学教育不能提倡，否则，科学教育提倡得愈利害，杀死的生物愈多，恐怕蝌蚪死尽，中国的蛙便要绝迹了。

所以提倡科学教育，有一点很要注意。欧洲大战[①]，人家都说是科学教育的结果。科学教育之提倡，徒使人类互相残杀。中国无科学，真是中国的长处。这是不信任科学、怀疑科学一部份人的话。还有一部份人，迷信科学，自己终日埋头的研究科学，然而忘了人类，所以拼命在科学上创造些杀人的利器。这实在错误之极。我们须知，科学是一种工具，犹如一柄锋利的刀。刀可杀人，也可切菜。我们不能因为刀可杀人，废弃不用，也不能专用刀去杀人；须要用刀来作切菜之用，做其有益人类的工作。科学是在谋大众幸福、解除大众苦痛。我们教小孩子科学，不要叫小孩子做少数富人的奴隶，要做大众的天使；不见〔是〕徒供少数人的利用和享受，当使社会普遍的民众多受其实惠。应当用科学来养生，不当用科学来杀生。这是提倡科学教育最紧要的一点。

---

① 欧洲大战，即第一次世界大战。

儿童科学通讯学校成立启事[①]

丁柱中[②]、陈鹤琴[③]、胡宣明[④]、陶知行[⑤]等，近为普及儿童科学

---

① 本文录自《江西教育行政旬刊》第二卷第五期，原文结束处有“六，廿三，《申报》”，指转载《申报》6月23日的报道。原发表于1932年6月23日《时事新报》。该校系自然学园与上海儿童书局共同创设，为“科学下嫁运动”的又一具体成果。所谓“通讯学校”，实为通信学校，即以函授方式，进行“远距离教育”。启事中所言《儿童科学丛书》和《儿童科学活叶指导》，均可视为函授教材；尤为可贵的是，该校还提供学习方法的指导，如怎样选书、如何用书等。因此，创立该校又是生活教育的一种崭新尝试。

② 丁柱中（1899—1940），安徽怀宁人。1922年，考入上海震旦大学。次年秋，被保送法国里昂留学，攻读电机工程。1927年归国。1929年，应聘任晓庄学校物理指导员，组装了校内第一台无线电收音机。晓庄被封后，归里创办世则小学。后赴上海，协助陶行知开展“科学下嫁运动”，主编《儿童科学丛书》《儿童科学活叶指导》《大众科学丛书》，并领衔创设儿童科学通讯学校。1936年，受聘为安庆高级工业专科学校教务主任。著有《电的把戏》《我们的地球》《磁的把戏》《儿童电机工程学》等，译有《巴斯德传》等。

③ 陈鹤琴，见《民国十三年中国教育状况·学龄前教育和幼稚园教育（节录）》注。

④ 胡宣明（1887—1965），福建漳州人。1910年，毕业于上海圣约翰大学，后考得清华学堂“庚款”留美名额，赴约翰斯·霍普金斯大学学习医学。1915年，获医学博士学位，旋入哈佛与麻省理工学院合办的“卫生保健官员训练班”，获结业证书。1917年归国后，先在广州担任广州市卫生局局长，后到上海担任中国卫生教育会总干事。1925年，再赴美国学习公共卫生行政管理。1928年归国，历任上海医学院、中央大学医学院教授，成为知名的公共卫生专家。当时应陶行知之邀，参与科学普及工作。著有《健康浅说》《中国公共卫生之建设》等，节译有《戴德生传》。

⑤ 陶知行，系陶行知曾用名。

起见，特约集专家创设通讯学校。现已觅定爱文义路小沙渡路承裕村为校址，即日起开始报名。该校创设宗旨，在造就科学之儿童与科学之民众，使中华民族成为科学之民族，以适应于科学的世界。彼等相信科学要从小教起，该校拟依据“社会即学校”与“教学做合一”之原则，从事：①补充小学导师之科学知能；②补充师范生之科学知能；③补充儿童家长之科学知能；④补充识字青年儿童之科学知能。凡小学导师、师范生、幼童之家长以及识字青年儿童能看懂浅显语体文者皆入学。现已聘定各科指导员从事编辑《儿童科学活叶指导》，包含下列各点：①时令科学工作之指导；②非时令科学工作之指导；③《儿童科学丛书》运用之指导；④最近科学新知之介绍；⑤儿童科学问题之解答。其功课之内容是：①儿童的生物；②儿童的物理；③儿童的化学；④儿童的天文；⑤儿童的气象；⑥儿童的地球；⑦儿童的工艺；⑧儿童的农艺；⑨儿童的生理卫生；⑩儿童的科学指导。此种活叶指导及《儿童科学丛书》各一份，可敷数人合作之用。该校为提倡科学教育起见，极愿通讯学员减少费用，并收互相切磋之效。凡欲学习儿童科学者，可约集二三人共同工作（至多以四人为限），共同担负费用，公推一人领导注册。每合作人均须亲自工作，并亲写工作报告，由领导者签名盖章、汇寄该校。经该校认为成绩及格，亦可如正式学生领取毕业证书云。

国难与教育①

我们知道，教育的目的在于解决问题，所以不能解决问题的，不是真教育；不能解决国难问题的，尤其不是真教育。我们必须有了真教育，才能对付国难。

教育是什么？教育就是力的表现、力的变化。实则整个宇宙，也就是一个力的表现、力的变化的过程。我们现在要解除国难，先要有力量。因为我们力量不充分，所以才不能对付国难。因此，我们要对付国难，就须以教育为手段，使我们的力量起了变化，把不能对付国难的力量，变成能够对付国难的力量，这才能达到目的。

力量发生了变化，其大小之比较，可分别如下：就是少数人的力，比不上多数人的力；空谈的力，比不上行动的力；散漫的力，比不上组织的力；被动的力，比不上自动的力；头脑的力，比不上手脑并用的力。

我国的传统教育和现行的教育，只能造成少数人的力、空谈的力、散漫的力、被动的力、头脑的力。我们从此要改造教育，使教育普及于大

---

① 本文录自上海儿童书局1934年版《晓庄批判》（孙铭勋、戴自俺编）之《陶知行与中国新教育》。本文系演讲记录，演讲时间为1932年8月30日，演讲地点在上海沪江大学，记录者为“持大”。记录者在引用陶行知讲演记录之前，说：“陶先生今天的讲题，是‘国难与教育’。他说话，声音高低适度，语调能抑能扬，而条理亦极清楚，一字一句，都历历敲着听者的心灵；而且庄谐杂出，严肃之中流露着‘幽默’的趣味，足使全场听者皆大欢喜。这真是教育家的口舌之典型。”“九一八”事变后，中国的国难日益深重，所以陶行知以“国难与教育”为题发表演讲。演讲中对教育的阐释，以及对教育改革方向和方法的指明，不仅适用于学校教育和社会教育，而且也可作为幼稚园教育的重要参照。

众；使受教育者都能实践力行，从行动上去求得真知识；并使大众组织起来，自动去做他们的事。而仅用脑的知识分子，要使他们变成兼用手的工人；仅用手的工人、农人等，都变成兼用脑的知识分子。这才能把少数人的力变成多数人的力，空谈的力变成行动的力，散漫的力变成组织的力，被动的力变成自动的力，仅用脑和仅用手的力变成脑手并用的力。于是，我们就可以造成极伟大的民族力量，来解除一切国难。

长留慈爱在人间[①]

——致孙铭勋、台和中

铭勋、和中：

接读你们的信，敬悉你们要创办一个幼稚园，来纪念慈母之爱。这是再好无比了。这个幼稚园办成以后，每个小宝宝的生活里都反映出两位老太太之遗爱。小宝宝一代一代的欣欣向荣，即是两位老太太万古不朽。达之[②]信里，已提及陈鹤琴先生慨捐一百元，明年一月三十日出款，由竹因[③]寄来。

---

① 本文录自上海儿童书局1934年版《晓庄幼稚教育》（孙铭勋、戴自俺编著），后收入安徽人民出版社1981年版《行知书信》。正题和副题，均由《行知书信》编者所拟。孙铭勋系晓庄师范毕业生，详见《关于设立幼稚学院的意见》注。台和中（1905—1959），甘肃庄浪人，晓庄师范毕业生。1932年11月19日，孙铭勋致函陶行知，谈到自己和台和中的母亲已逝，“决在河下大街上开办一所幼稚园”，以使慈爱长留人间；同时希望，陶行知代筹幼稚园的开办费60～100元。陶行知阅信后，迅速拟复此函。

② 达之，即汪达之（1902—1980），安徽黟县人。早年肄业于安徽省立师范和省立一中。1928年秋，转读晓庄学校。1930年2月，被派赴苏北接任新安小学校长。后筹组“新安儿童旅行团”和“新安旅行团”，实践生活教育理论，获空前热烈反响。后投奔革命，加入中国共产党，历任华中苏皖边区教育厅督学、华中干部子弟学校校长。中华人民共和国成立后，历任复办后的晓庄师范首任校长、教育部师范教育司专员、广东民族学院党委书记兼副院长等职。

③ 竹因，即方与严（1889—1968），安徽歙县人。1927年秋，入读晓庄师范。后被派赴浙江省立乡村师范学校（1933年改为“浙江省立湘湖乡村师范学校”）工作，担任校长。1931年后，在上海主编《儿童生活》《师范生》等刊物，协助陶行知开展“科学下嫁运动”。后历任山海工学团联络处主任、香港中华业余补习学校教务主任、重庆育才学校校务主任、重庆社会大学副校长，成为陶行知推行生活教育的左右手。中华人民共和国成立后，先后担任教育部初等教育司副司长、民族教育司副司长等职。

最低限度开办费虽有着落，而经常费用，亦须预为之谋，方为久远之计。余意以培养当地聪明慈祥之妇女充当幼稚导师为最良之策。我在徐家角[①]已小小试行，成效殊可乐观。铭勋对于幼稚园较余经验更丰，当能事半功倍。余创燕子矶幼稚园而不能守，半因大局所关[②]，半因村外之太太、小姐终属痛痒无涉。你们决不可踏〔蹈〕此覆辙。开始就须多多培养当地人材，庶能垂之久远，不致人存政举、人亡政息。不知以为然否？

敬祝

淮安小朋友幸福无疆！

两位老人长留慈爱在人间！

知行

一九三二，一一，二十五

---

① 徐家角，上海地名，具体为徐家角的乔氏山庄。陶行知租用此处后，专供有志于工学团和普及教育事业者作为研究和居住之用。当时，在此已仿制出福禄培尔和蒙台梭利的“恩物”，故言“已小小试行”。

② 大局所关，实指国民政府因政治原因而强令晓庄学校“暂行停办”。当晓庄学校被封后，燕子矶幼稚园也只得停办。

幼稚园要重视科学的训练[1]

幼稚园要开辟新路径，要创造新材料。现有的故事、游戏、歌曲等，都得重新改造。公主、王子的童话，时代已经过去了。叫小孩子爬在地上做猫捉老鼠的游戏，是要有极干净的地板才好做的。“狼来了，狼来了！快些跑，快些跑！”这一类的歌曲，简直把小羊的两支角砍掉了。用极精致的纸，印刷极美丽的图，来给小孩子认字，这是不适宜于大多数的一般的幼稚园。福氏[2]和蒙氏[3]的恩物[4]，从前我们在晓庄时是没有。因为那时以为要花一百多块钱才可以到美国去买来。但是，现在我已经在徐家角[5]自己制造出来了。这两套恩物，我们虽然不同[6]，但我们不能不知道他的用法。科学的训练是很重要，但是现在的一般幼稚园里，是很少的。……

---

① 本文录自上海儿童书局1934年版《晓庄幼稚教育》（孙铭勋、戴自俺编著）中孙铭勋所撰《新安幼稚园》一文。本文是谈话记录，谈话时间在1932年12月，谈话对象及记录者均为孙铭勋。1931年初，受陶行知之托，孙铭勋赴苏北淮安协助汪达之办理新安小学。1932年11月，孙铭勋计划在新安小学附设一所幼稚园（见《长留慈爱在人间——致孙铭勋、台和中》）。陶行知闻讯后，去信予以鼓励。孙铭勋接信后，随即赴上海向陶行知讨教。于是，陶行知说了这番话。

② 福氏，即福禄培尔，见《创设乡村幼稚园宣言书》注。

③ 蒙氏，即蒙台梭利，见《创设乡村幼稚园宣言书》注。

④ 恩物，福禄培尔1837年所创制的儿童玩具的称谓，包括各种柔软色球、木制几何体积木等。他认为，这种玩具是适合幼儿特点的上帝的恩赐物，故简称“恩物”。蒙台梭利为让儿童的各种感官得到训练，也特制出一套进行各种感官练习的玩具，袭称“恩物”。

⑤ 徐家角，上海地名，见《长留慈爱在人间——致孙铭勋、台和中》注。

⑥ “不同”，是指所仿制者，与原型“恩物”有所不同。

手脑相长[①]

近来我在报纸上发表了卖艺的广告[②]。过后，不久就接得中社[③]一封信，请我于民国二十二年元旦正午的时候来演讲。我很高兴。不过社会上有许多人或尚对我怀疑。有一位朋友做了一首小诗，替我卖艺取一个名字，叫做“水门汀文艺”[④]。这位朋友告诉我的意思是很深的。譬如有人在新世界[⑤]门口水门汀上写了一大篇文字，说因为没有路费回家，求人解囊

---

① 本文录自1933年1月《新社会》半月刊第四卷第二号。本文系演讲记录，演讲时间为1933年1月1日，演讲地点在上海威海卫路656号中社礼堂，记录者为张书庚。此前，陶行知已多次演讲过体脑结合、工读结合的问题；此篇讲演的亮点在于，陶行知回顾了自己由“中产阶级”降为“无产阶级”的历程，并将为了避免儿子们成为“少爷”，作为了这种选择的动因之一。

② 卖艺的广告，系指陶行知1932年12月14日于《涛声》周刊第36期刊载的《陶知行卖艺启事》。其后，《申报》等重要报刊也转载了此启事。该启事宣布，自即日起，公开卖文、卖字、卖讲，并明码标价，要求提前预约。陶行知此次在中社的演讲，系“卖艺启事”刊登后的“处女讲”。

③ 中社，系上海的一个民间社团，是由盛丕华等工商、知识界人士组成的中产阶级爱国团体，会所在上海威海卫路静安别墅。陶行知与该社联系密切。1934年后，他将中国普及教育助成会的筹备会设于中社二楼，并经常来此主持该会工作。

④ “水门汀文艺”，“水门汀”发音，系上海“洋泾浜”英语加吴地方言混同而成。英文为cement，意指水泥，有时也指混凝土。所谓“水门汀文艺”，即指在水泥道路边叫卖的文艺，既有“大路货”之义，又寓意水泥之坚硬、结实，所以陶行知觉得“这个名字很好”。

⑤ 新世界，上海知名娱乐场所的名称。它是上海最早建成的游乐场所，位于公共租界的南京路闹市，于1915年建成，内有剧场多个，可演戏、唱评弹、放电影，还有商场，并兼营茶室。

相助。我觉得这个名字很好，非常欢迎。这是对于我卖艺的解释。

其次，刚才李先生问我：卖艺的生意好不好？我不敢说不好。因我说不好，人家不相信。有人要问我：为什么你要卖艺？今天我也要报告一下。在我的卖艺广告里有一句说："乡下先生难度日。"要晓得乡下先生有许许多多人难度日，不只我一个乡下先生难度日。中国现在有许多人不得日子过。我的卖艺广告，是等于一个报告，使人家都知道乡下先生都难度日，就如那陶知行也在卖艺了。我有一首诗描写乡下先生的苦况，现在可来背一下：

生长三家村，去来五里店。
知己遍天下，终身不相见。
雪花飞满天，身上犹无棉。
一天吃两顿，有油没有盐；
有油没有盐，饿肚看水仙。
试问甜后苦，何如苦后甜。
进城来索薪，轮流候茶园；
薪水领不着，大家凑茶钱。
爸爸长叹气，妈妈也埋怨。
已经三十岁，还没有家眷。

现在乡下先生只有三条路好走：（一）要么饿死；（二）要么革命；（三）要么去投河。在这种情形之下，有十几万人没有把他们的出路问题解决。不过他们本身的问题不能在他们本身上解决。农民生活的问题没有解决，乡村教师的生活问题就不会解决。

我本来无产阶级出身，后来出洋回来渐渐变成了中产阶级中人。现在却由中产阶级，渐渐地流落到无产阶级了。所以我对于中产阶级与无产阶级的情形都知道一点。我有一种信仰和决心：要从中产阶级不爬上去，而要爬下来。其实爬下来就是爬上去，要爬上去就要落下来。我为什么要走这一条路？可把我的一段历史来简单说一说：我在中产阶级登峰造极的时候，就是当中华文化教育基金委员会①的干事，每月有四百元薪水、一百元公费。当时我家里的几个小孩子一起变成了少爷，没有小姐，因为我没有女孩子②。他们添饭有人，铺床折被也有人。我小时候尚做些事，而他们现在一些事不做，将来大的时候不得了。慢慢享福惯了，害我自己是小事，害这些小孩子是不得了的。因老妈子和佣人把我们小孩子的手都变坏了，成了无用的手；把我的小孩子的脚也变坏了，成了无用的脚。小时候不能动手用脚，大的时候当然一切事要别人做；小的时候做惯少爷，大的时候当然做老爷。我以为世界上最有贡献的人只有一种，就是头脑能指挥手指行动的人。中国都是用头脑的人不用手，用手的人不用头脑。年成虽好，农民生计仍很苦。这因为他们的头脑不会去想。一般人读书，都是读死书，死读书，读书死。日本人打进来了，我们只会喊口号。可是我们干了几十年，到现在所用的电灯、所坐的汽车，都是外国人做的，我们自己不会造出来。这是什么缘故？这为了书呆子不去干科学的事业，因他不用手去试验，不用手去创造。一定要四万万人用手推动机器，才能把中华民国创造起来。头脑帮手生长，手帮头脑生长。

中国有两种病：一种是“软手软脚病”，一种是“笨头笨脑病”。害“软手软脚病”的人，便是读书人。他的头脑一定靠不住，是呆头呆脑的。而一班工人农民都是害的“笨头笨脑病”，所以都是粗手粗脚。一个人要有贡献于社会，一定要手与脑缔结大同盟。然后，可以创造，可以发明，可以建设国家，可以把东三省拿回来！要东三省拿回来，没有这么容易，必须要用手去拿回来！

---

① 中华文化教育基金委员会，正确名称为“中华教育文化基金董事会”。该会是负责保管、分配和监督使用美国“退还”的庚子赔款的机构。1924 年 5 月，美国议会两院通过“退还”庚子赔款存余部分，用以发展中国教育文化事业案。据此，北洋政府于同年 9 月成立该会，会址在北京。首届董事会由颜惠庆、张伯苓、孟禄等十五位中美文化教育界专家组成。1925 年 6 月召开第一次年会。7 月 28 日，聘陶行知为该董事会干事部执行秘书，即后文所称“干事”。

② 陶行知有四个儿子，依次为陶宏（桃红）、陶晓光（小桃）、陶刚（三桃）、陶城（蜜桃）。

老妈子和佣人，天天替代我的小孩子的手，使他们的手都变成无用的手，故我决心把五百元一月的干事职位不要了，去当一百元一月的校长①。我们学校里没有一个听差，没有一个斋夫，各事都是学生自己干。我写了两首歌，一首是勉励学生的，一首是戒人不要做双料少爷。第一首：

滴自己的汗，
吃自己的饭，
自己的事自己干。
靠天靠祖上，
不算是好汉！

第二首：

自从家父做老爷，
人人呼我阔少爷。
谁知我还是自倒洗脸水，
远不如进个学堂儿。
上课看情书，
下课拜小姐；
不高兴闹个风潮儿，
直要教员怕我如同儿子怕爹爹！
请看今日卖国贼，
哪一个不是当年的双料少爷！

上面两首歌，一首是建设论，一首是破坏论。我们学校里没有听差，结果很好。男学生挑水烧饭，女学生倒马桶。饭是很好吃，为什么马桶不好倒？当那女学生初来投考我们的学校，我先要问她一声，愿意不愿意倒马桶？愿意倒马桶的来学。虽然倒马桶不能救国，但是它的进一步的意思很深。能倒马桶，小姐的架子打破了！她的一双手拿出来了，将来会玩出比外国更好的电灯出来，会玩出比外国更好的汽车出来，会玩出比外国更好的飞机出来。

---

① 此处所言“校长”，指陶行知1927年3月担任南京晓庄试验乡村师范学校校长一事。

至于各种人的手，如穿马褂子的人的一双手都缩拢在袖管里面；穿西装的人的一双手都插在裤袋里；老先生的一双手指甲留得长长成一种曲线美，双手镶在袖管里；女学生的一双手都用手套子套了起来。因一双可以创造的手，套起来了，故把中华民国一起都套进去了，不能出头！

现在再讲脚。脚也要动动。从前女子绕小脚，用布包包。现在学外国新法绕小脚，应用几何学原理，高跟皮鞋就是一种几何三角形的道理。穿了这种皮鞋，脚不易走动了；弄得不好，就要跌交。这样的女国民，能与日本去奋斗吗？多一个人穿高跟皮鞋就是少一个人去奋斗。要解放脚，非打倒高跟皮鞋不可。要解放手，非打倒手套不可。新近我写了一首歌，知道的人已很多了。现在再来背一下：

人身两个宝，
双手与大脑。
用脑不用手，
快要被打倒。
用手不用脑，
饭都吃不饱。
手脑都会用，
方是开天辟地的大好老〔佬〕。

这大好老〔佬〕，人人都会做！只要两只手拿出来用就兴〔行〕。中华民国不是几千个人、几万个人所能做得好的，一定要四万万人都来推动机器，才可创造成功！这非用手不可。

脑与手没有力量，因血脉不相联通。我下了两帖药，叫它们的血脉联通起来。第一帖药名叫“脑化手”，使人人都有脑筋变化过的手。还有一帖要给无产阶级的农人和工人吃的，药的名字叫“手化脑”，就是一面用手，一面要有思想。倘然就把用脑不用手的人的呆头呆脑拿来装过去却是不配的。几百年来瞎子教育①的成绩证明我们的一双手可以变化我们的脑

① 此处所言“瞎子教育”，实指“盲童教育”。远古即有盲人音乐教育，后又创立了多种盲人触摸文字，尤其是“布莱尔盲文”和“阿宇盲童学校”创立后，这种“由手而脑”的盲童教育，更是取得了惊人的进步。

筋。手做了工，脑筋就变化了。一经变化之后，手与脑筋互相长进。怎样变化的法子，我可举一个例子来说明。我在上海办过一个小小的试验，就大场[1]地方租了一间房子，里面的凳子都是从乡下人那边借来用一下。我们要自己学来做，请了一个木匠师傅来。不当他小工，当他一位太上先生，由我这大书呆子带了一班小书呆子跟他学。我对他说："我们工钱不少你的，工钱照你的工作分配。所有四十只凳子，一齐由你做好，我们一钱不给你。你能教会了一个书呆子做凳子，就有一个凳子的工钱。你教会了两个书呆子做凳子，就有两个凳子的工钱。"现在凳子都已做起来了。这样各人的手一用过后，自己买了一样科学仪器，自己就能仿造了。对这件事，我已写了一首小诗：

他是木匠，我是先生；
先生学木匠，木匠学先生。
学学学，我变了木匠，
他变了木匠先生。

脑筋与手联合起来，才可产生力量，把"弱"与"愚"都可去掉。手与脑联起来，既有力量了，力量要在那一方面表现出来？我以为，力量要从两方面表现出来：

（一）要叫力量武装起来。全国的国民，武装了才有力量。这种力量才能广大。不说别的，就拿广西来说罢。据广西的民政厅长雷殷[2]与新近从广西考察还沪的杜重远[3]先生等讲，都很清楚，他们广西那边只有八个字："寓兵于团，寓将于学。"过去的一年，已练成三十六万民团；预计五

---

① 大场，地名，位于上海市与宝山县交界处。陶行知创立的山海工学团，即位于大场的孟家木桥。

② 雷殷（1886—1972），原名恺泽，字渭南，广西邕宁人。清末参加同盟会，为广西咨议局议员。中华民国成立后，历任广西参议会参议员、广东督军署总参议、民国大学校长、哈尔滨法政大学校长等职。时任广西省民政厅厅长。

③ 杜重远（1897—1943），吉林怀德人。东北抗日救亡总会发起人之一。早年留学日本。1934 年在上海创办《新生》周刊，任总编辑兼发行人，与陶行知熟识。1939 年任新疆学院院长。1943 年 10 月，被军阀盛世才秘密杀害。

年，可练二百万民团。不是个人来当民团，是个个人背了枪来干。各地的县长，就是武装的团长。全省正式军队只有两师（即五万人）。他们把省下来的钱培养人民武力。老实说，日本人不〔未〕来上海之前，他们早已在训练民团，整个的省份武装起来了。现在已经有成效，民众团体化、纪律化，武装起来，才能做中华民国的主人翁，才能消灭内战，才能打破外来的帝国主义侵略。几时日本兵要到北平？我们不知道。不过谁敢说日本兵不来？所以我们应该有这种准备！

（二）力量不只在武力上表现，还要在生产上表现。要有计划的组织的生产。一班年纪大的人，再要学起来很难。可是我们不要忘记我们的小孩子。有几个小孩子的，总得让他们多受一些科学的训练与生产的训练，从小的时候教起来。我们自己做一些粗工，不要老妈子和佣人去做；小孩子见了，也会跟着大人做了。我有几首儿童歌，是包含使儿童有创造的意思，现在背出来：

小盘古

我是小盘古，
不怕吃苦。
我要开辟新天地，
看我手中双斧。

小牛顿

我是小牛顿，
让人说我笨。
我要用我的脑筋，
向大自然追问。

小孙文

我是小孙文，
我有革命精神。
我要打倒帝国主义，
像个球儿打滚。

小工人

我是小工人，
我的双手万能。
我要造富的社会，
不是造富的个人。

今天所讲的，可归纳为三点：（一）脑与手联合起来，才能产生力量；（二）力量要在自卫政策上表现出来；（三）科学生产上头才把这力量表现出来。西洋人的耳朵只听得进的一个字，就是“力”字。你有力，他们听你；你没有力，他们不听你。

现在，我还有四句话要说，就是：

不愿做工的，不配吃饭；
不愿抵抗的，不算好汉。

今天是我卖讲的头一回，也可说今天是我的处女讲。

创造的教育①

诸位同学：

我今天的讲题是“创造的教育”。什么是创造的教育？先说明“创造”两个字的意义。我举两个例子②来说吧。鲁滨孙漂流到荒岛上去，口渴了，白天他走到海边用手去捧水喝，到黑夜里就没有办法了。他偶而〔尔〕在灶的旁边，看见经火烧过的泥土，硬得比石子一样。他想到软的土经火烧了，就成坚固且硬的东西；于是他把土做成三个瓶子，放入火中去烧。烧碎了一个，其余的两个可以满满的盛着水。于是他口渴问题完全解决了。我们把这件事分析起来，可以发明三点：他把手捧水喝，到黑夜发生了困难，是他的行动；发现泥土经过火烧变成坚固且硬的东西，也是他的行动；把泥土塑成了瓶，希望同烧过的土一样的坚固，是他的思想。结果，他瓶子盛水的计划成功了，是新价值的产生。由行动而发生思想，由思想产生新价值的，这就是创造的过程。这个例子是“物质的创造”。再如

① 本文录自1933年3月《教育建设》第五辑。本文是演讲记录，记录者为华炜生。1933年初，陶行知应邀到上海大夏大学发表了这篇演讲。陶行知首先论及创造的两大层面，即“物质层面”与“精神层面”；然后论及创造与实践密不可分的关系，并要求动手能力须从小开始培养；最后论及传统教育是扼杀创造力的教育，而生活教育才是解放创造力的教育。这次演讲深入浅出、生动诙谐，获得了听众的普遍好评。大夏大学，系1924年厦门大学学潮后，留沪教授为三百余名离校学生组建之学校。同年11月，校董会举马君武为校长。后因时局所扰，多次迁转办理。1951年院系调整中，文、理、教育三个学院并入华东师范大学，其他系科分别并入同济大学、复旦大学等。

② 两个例子，又见《儿童用书选择标准》，文字略有不同。

《红楼梦》上刘姥姥游大观园，贾母请客，后来唤了二只船来，贾母同媳妇人等在前船先行，宝玉同姊妹们在后船后行。河内余满着破残荷叶，宝玉的船划不快，追不上前船。宝玉心里非常忿怒，马上要铲光破荷叶。薛宝钗说："现在仆人们很忙碌，等他们空了，再叫他们铲除吧！"林黛玉说："我生平最不喜欢李义山的诗，只有一句还可以。"宝玉问她究竟是哪一句呢？黛玉说，"留得残荷听雨声"一句。宝玉一想，觉得破荷叶很有用处，就不再要铲荷叶了。这个例子中，船行到荷叶中去，是行动；破荷叶妨碍行船，是行动；林黛玉提出李义山的诗句，是思想；宝玉心中厌恶的破荷叶，一变而为可爱的天然乐器，是产生了新的价值。这种新观念的成立是心理的创造。

我现在再讲行动，关于教育上的行动。中国现在的教育是关门来干的，只有思想，没有行动的。教员们教死书，死教书，教书死；学生们读死书，死读书，读书死。所以那种教育是死的教育，不是行动的教育。我们知道王阳明①先生是提倡"知行合一"说的。他说："知是行之始，行是知之成。"他的意思是先要脑袋里装满了学问，方才可以行动。所以大家都认为学校是求知的地方，社会是行动的地方，好像学校与社会是漠不相关的，以致造成一般只知而不行的书呆子。所以阳明先生的二句话，很可以代表中国数千年的传统教育的思想。现在我要把他的话翻半个筋斗。如果翻得一个筋斗，岂非仍是还原吗？所以叫他翻半个筋斗，就是说："行是知之始，知是行之成。"例如爱迪生发明电灯，不是从前的人告诉他的，是玩把戏而偶然发现的。小孩子不敢碰洋灯泡，是他弄火烫痛的经验。至于妈妈告诉他火是烫人的，不过使小孩子格外清楚一些。所以要有知识，是要从行动中去求来；不行动而求到的知识，是靠不住的。有人告诉你这是白的、那是黑的，你不行动，就不能知道那个是真那个是假。有行动的勇敢，才有真知识的收获。书本子的东西，不过告诉你别人得来的知识。

---

① 王阳明，即王守仁（1472—1529），幼名云，字伯安，号阳明子，谥文成，绍兴府余姚县（今浙江余姚）人。明代著名的思想家、文学家、哲学家和军事家。他以"心"为宇宙本体，提出"心即理"，倡导"知行合一""致良知"等主张，是宋明"心学"之集大成者。在儒学发展史上，有"孔、孟、朱、王"之并称。

有许多人著书，东抄西袭。这种抄袭成章的知识，不是自己知识的贡献。你能行动，行动才生困难，想法解决了困难才是真知识的获得。我现在介绍杜威①先生思想的反省（Reflectria of Thinking）中的五个步骤：（一）感觉困难；（二）审查困难所在；（三）设法去解决；（四）择一去尝试；（五）屡试屡验，得到结论。我的意思：要在感觉困难上边添一步“行动”。因为惟其行动，到行不通的时候，方才觉得困难；困难而求解决，于是有新价值的产生。所以我说行动是老子，思想是儿子，创造是孙子。你要有孙子，非先有老子儿子不可，这是一贯下来的。但是我们知道单独的行动，也是不能创造的。如中国农夫耕种的方法，几千年来间有小小的改良外，其余的都是默守陈规，毫无创造。还有许多书呆子，书尽管读得多，也不能创造。所以要创造，非你在用脑的时候同时用手去实验，用手的时候同时用脑去想不可。手和脑在一块儿干，是创造教育的开始；手脑双全，是创造教育的目的。孟子说：“劳心者治人，劳力者治于人。”② 这是孟子当时的教育思想。时至今日，这种传统的思想已经起了一个极大的地震，渐渐的在那里崩溃了。我最近读了世界许多有名科学家的传记，觉得有发明的人，都是以头脑指挥他的行动，以行动的经验来充实他的头脑。中国的所谓学者，他们善长的是高谭阔论，作空文章。而做劳工的人，又不读书不肯用脑，所以一辈子在这种传统习尚下过生活，大科学家大发明家那里会产生？现在我们知道了，劳工教育啦，平民教育啦，都是

---

① 杜威，即约翰·杜威（John Dewey，1859—1952），美国哲学家、心理学家、教育家，美国实用主义哲学的集大成者，实用主义教育思想的创始人。早年师从心理学家皮尔士，1884年获约翰斯·霍普金斯大学博士学位。后相继在密歇根大学、明尼苏达大学、芝加哥大学、哥伦比亚大学任教。1894年，与妻子创立了一所实验小学。1896年，又主持创立了一所实验中学，兼任该校校长，作为他教育理论的实验基地。后创立实用主义教育学说，反对传统的灌输和机械训练的教育方法，主张从实践中学习，提出“教育即生活”“学校即社会”“从做中学”的基本主张。胡适、陶行知、蒋梦麟、陈鹤琴等，均为其弟子。著有《民主与教育》《我的教育信条》《明日之学校》等。

② 语出《孟子·滕文公上》。原文为：“或劳心，或劳力；劳心者治人，劳力者治于人；治于人者食人，治人者食于人；天下之通义也。”

时见时闻的。但是情势一变，“反动”“嫌疑”等等名目，都加上来，你就陷于四面碰壁的绝境。有许多教育界很有声望的无阻无碍的人，他们又不愿去干，以致这种教育至今还尚在萌芽时代。

行动的教育，要从小的时候就干起。要解放小孩的自由，让他做有意思的活动，开展他们的天才。至于我们一辈，从小是受传统教育的熏陶，到现在觉悟起来，成为一个半路出家的和尚。和尚是半路出家，他往往会想起他的家来。例如不吃鸦片的人，一见鸦片就生厌恶；但吃过鸦片的人，虽然戒了瘾，至少对它有相当的同情。我们小的时候，有天赋的行动本能，不过一切工作都被仆人们代做去了，被慈善的妈妈代做去了，稍长一些，我们到小学校去读书，有阎罗王般的教师坐在上面，不许我们动一动。中学和大学的课程是呆呆的订死在那里，你要动亦不得动。到现始费尽九牛二虎之力，挣扎着改变久受束缚的人生，还不能回复自然的行动本能。但是我们并不要灰心，时机也并不算晚，佛兰克林①四十几岁才发明了电呢！不过行动的教育，应当从小就要干起，因为小孩子还没有斫丧他行动的本能。小小的孩子，就是将来小小的科学家。假使我们给小孩子的自由行动，我相信千百孩子之中，一定有一个小孩是天才，是一个创造者发明者。爱迪生小时候，他是很喜欢行动的小孩子。当时美国的教育，也同中国一样，小学教员是禁止小孩子活动的。爱迪生违反了教师的训条，就蒙到“坏蛋”的声名，不到三个月，爱迪生被“坏蛋”的空气逼走了。爱迪生的母亲不服气，她以为她的儿子并不是“坏蛋”，“蛋”并没有“坏”，她就教他先在地窖里研究化学，后来研究物理，结果成了一个闻名的科学家。所以爱迪生的成功，幸而有他的妈妈，否则老早就把他的天才牺牲了。牛顿②生下来的时候，小到像小老鼠一只，体重只有三磅。看护妇去请医生的时候，很不高兴的说：“这样小老鼠一般大的东西，等到医生来，早已一命归天了。”岂料小老鼠一般的东西，就是以后闻名的科学

---

① 佛兰克林，通译富兰克林，见《儿童科学教育》注。

② 牛顿，即艾萨克·牛顿（Isaac Newton，1643—1727），英国物理学家、数学家、天文学家，被誉为“物理学之父”。他提出万有引力定律、牛顿运动定律，并发明微积分，奠定了近代科学的基础。后任英国皇家学会会长。著有《自然哲学的数学原理》《光学》等。

家，还活到八十多岁呢。据说牛顿小的时候，并不聪明。可见小孩子的时代，很难看得出那一个是天才的儿童。

四月四号是世界儿童节①，中华慈幼协会②请我编了四支儿童歌：

（一）小盘古

我是小盘古，
我不怕吃苦。
我要开辟新天地，
看我手中双斧。

（二）小孙文

我是小孙文，
我有革命精神。
我要打倒帝国主义，
像个球儿打滚。

（三）小牛顿

我是小牛顿，
让人说我笨。
我要用我的头脑，
向大自然追问。

---

① 儿童节，指中国自定儿童节，而非“世界儿童节”。1931年3月，中国慈幼协会呈请南京国民政府，建议将每年4月4日定为儿童节，5月获准。1931年4月4日，即为中国的首届儿童节。1949年12月，中华人民共和国决定，采用国际妇女联合会所规定的六一儿童节。此处所言“世界儿童节”，恐系误记。

② 中华慈幼协会，为中华民国的慈善社团，发起成立于1928年4月4日，总会设于上海，会长为孔祥熙，该会宗旨是“维护、教养、保障及其他方法为儿童谋求幸福，藉培国本”。出版《慈幼月刊》《今日儿童》等期刊，以及《怎样教育小孩子》《抗属子女之教养》等书籍。

(四) 小工人

我是小工人，
我有双手万能。
我要造富的社会，
不造富的个人。

我们要打倒传统的教育，同时要提倡创造的教育。他的办法是怎样呢？我们知道传统的教育，他们一只教室容纳四五十人。试问教师的力量有多么大，能够完全去推动全级学生？所以就发生了教育方法上的错误。我们现在的办法是教师教大徒弟，大徒弟再去教小徒弟。先生在上了几堂课以后，检别了几个较有天才、聪明的大徒弟，以后教师就专门去教大徒弟。所以他的精神容易去推动他们，学问也容易灌输到他们头脑中去。大徒弟再把他所得到的，分别的去教那些小徒弟。学生们很活动的去找寻知识，解释困难，贡献他所求得的知识；先生不过站在旁边的地位，略加指点而已。我们认为这种教育，是行动的教育。有行动才能得到知识，有知识才能创造，有创造才有热烈的兴趣，所以我们主张"行动"是中国新教育的开始，"创造"是中国教育的完成。

我曾经参观过一只学校①，这只学校是小孩子办的。我问他们说："你们是大小孩子教小孩子吗？"有一个小孩子回答说："是的，不过有许多时候，小小孩子也教大小孩子呢。"我说："你的话是对的，是真理，比我的意见更进一层。"现在中国传统教育下的智识阶级，根本就看不起小孩子，看不起农人工人。但是试问他们的力量有多么大？倭奴侵占我们的东三省，你有力量赶走他吗？不可以！我们要启发小孩子，启发农人工人，运用大多数人的力量，才能够去创造，才能救国雪耻。我来举一个例子，证明农人的力量并不弱。从前我办一支学校，在校的旁边凿了一口井，专门

---

① 学校，即南京晓庄佘儿岗农村小学。1932 年，当地少年胡同炳联络当地同龄人自发开办此校，命名为"儿童自动学校"，试行"小先生制"，自动地进行教和学。陶行知闻讯后，作诗以贺："有个学校真奇怪，大孩自动教小孩。七十二行皆先生，先生不在学如在。"他们读诗后，建议将"大孩自动教小孩"句，改为"小孩自动教小孩"，陶行知欣然接受。

供给学校用水的。有一年大旱，乡村中旁的井水都汲干了，所以乡民都集到校旁井内来汲，后来这口井也是涸竭了，于是我们校里，因为水的恐慌开了一个会，当时有人主张，把井收回自用；我不以为然，我说："我们的学校，是以社会作学校的，不应该把社会圈出于学校之外，假如这样，我们将来推广农事和民众教育就不容易办了。用水既是大众的事，还不如请大众共同来解决。"于是请各村庄每家派一个代表，男的女的，小孩子在十三岁上的都可以。没有多少时候，礼堂上已挤满了代表。我们教员们，自觉居于孔明的地位，三个臭皮匠合做一个诸葛亮的地位。所以黄龙宝座的主席，推了一个十三岁的小孩子。我们略略讲了几条会场规则之后，就正式开会。那一天的会，非常有精彩、有力量。当时发言最多且最好者，要推老太婆！好！我们来听有一个老太婆的宏论。她说："人是要睡觉的，井也是要睡觉呢！井不让它睡觉，一辈子就没有水吃。"所以当时一致议决井要睡觉：自下午七时起至翌晨五时止，不得唤醒井；违者，罚大洋壹元，作修井之用。当这个老太婆发言未完，另有一个老太婆也想立起来发言，就有第三个老太婆牵牵她的衣襟，制止她的发言，说："不是方才先生说过的吗?"你想他们非但能够自治，而且还能管理他人。所以当时会场发言的人非常多，秩序还是一丝不乱的。他们讨论了好久，还制成几条议案：第二条就是汲水的程序，先到者先汲，后到者后汲；违者罚大洋五角，作修井之用。第三条就是再开凿一井，把太平天国时留下淤塞的废井，加以开凿。经费，富者多捐，贫者少捐，茶店豆腐店也多捐一些。其四，推举奉天刘君锡侯（?）[①] 为监察委员，掌理罚款，调解纠纷。结果，一个大钱都没有罚到。因为这是出于农人自动的议决，所以大家能遵守。你看农人的力量是多么大，他们的话多么的公正和有效。这种问题来的时候，岂是少数人所能干得了吗？不过他们的旁边，还是需有孔明在

① 刘君锡侯（?），即刘君世厚。刘大作（1908—1988），又名世厚，辽宁沈阳人。当时为晓庄学校学生，后在开滦煤矿办理工人教育，又任教于甘肃仁爱学校。中华人民共和国成立后，先后任职于教育部、中华职业教育社、北京函授师范学院和新疆伊犁师范学院。

那里指示，否则恐怕到如今，井还没有开凿成功。所以创造的教育，应该启发农人工人学生……使他们得真的知识才是真的创造。

其次我要讲的：现在中国的教育的组织，是不能创造的。我们可以分二种来说。第一种是学校是学校，社会是社会。他们认为学校是求知的地方、社会是行动的地方，他们说读书不忘救国、救国不忘读书。日本人的炮弹已经飞到他们面前，还是子曰子曰读他的书。这种教育，是亡了中国还不够的。第二种他们已经觉得学校是离不开社会的，所以他们主张“学校社会化”。他们想把社会的一切，都请到校里来。所以学校里什么都有：公安局啦，卫生局啦，市政厅啦，什么都有。但是他们所做的与社会依旧是隔膜的。况且学校有多么大，能够包罗万象？他们的学校好像大的鸟笼，把鸟儿提到笼里来养；又好像一只大缸，把鱼儿捉到缸里来养。结果鸟儿过不来鸟笼的生活，死了；鱼儿过不来鱼缸的生活，死了。所以这种似是而非的教育，是不自然的，虚伪的和无力量的，也不是创造的教育。创造的教育是怎样呢？就是“以社会为学校”，“学校和社会”打成一片，彼此之间很难识别的。社会含有学校的意味，学校含有社会意味。我们要把学校的围墙拆去，那么才可与社会构通。这种围墙，不是真的围墙，是各人心中的心墙。各人把他的感情、态度，从以前的传统教育那边改变过来，解放起来。实则这种教育，只要有决心去干，是很容易办到的。例如大夏大学的附近，有许多村庄。庄上的人，都是散漫的，无教育的。假使我们把学校与村庄构通，大学生都负责去创造新村；村上的人，都受到知识，形成活活的、有力量有生命的村庄；再把全中国所有的村庄联合起来，构成一个有大生命的中国，民众的力量可以集中，国难也可共赴。这样做去，要普及教育，一年就可以成功。我们自近而后远，先小而后大，着手办去，把小孩子农人工人都培养起来，这才是创造教育的目的。中国现在的教育，不是平等发展的，是畸形发展的。一方面有博士、硕士，一方面有一大群无知识的民众，迟滞的，表示不出多大贡献。

现在我再要讲，创造的教育是以生活为教育就是生活中才可求到教育。教育自从生活中得来的。虽然书也是求知之一种工具，但生活中随处是工具都是教育。况且一个人有整个的生活才可得整个的教育。举个例来说吧！有一个儿子，他是喜欢赌博的，他的母亲训斥他；不过他的母亲悄悄地到邻舍去赌博了，他在窗内看见他的母亲赌博，于是也到别处去赌博了。这个孩子过的是赌博生活，受的是赌博教育，不期而然而成赌博的人生。某学校他们反对我“生活即教育”的主张，我去参观他们的学校，适逢吃饭的时候。他们的饭菜是有等级的。厨子巴结先生，先生的菜特别是好；学生的菜，简直坏之不堪。他们请我在先生一桌吃饭，我愿意同学生一块儿吃。学生的饭菜坏到怎样呢？他们名为一碗肉，肉仅在碗面上几小块，学生在未下箸的时候，目光炯炯地早已看准那最大的一块，一下箸，一碗饭还没有吃完，而菜已吃得精光了。这种饕餮的状态，无形中在饭堂更造成了许多小军阀。这只学校，是不把吃饭问题归入教育范围之内的。有许多学校对于男女学生的恋爱，他们是讳莫如深；但恋爱问题，往往闹遍在学校里。现在生活的教育是怎样呢？我们知道恋爱、吃饭等问题都是非常重要的，所以恋爱先生我怕你，请你进来；吃饭先生我怕你，请你进来，我们来一块儿干吧！我们的教育非但要教，并且要学要做，教而不学，学而不做叫做忘三。我们要能够做，做的最高境界就是创造。我们要能够学，学从生活中去学，只知学而不知做就不是真的学。我们要能够教，教要教得其所，要有整个的教育、平等的行动的教育，不要像现在畸形的教育。有人说，我的创造教育，不成其为学校。我做了一首诗：

谁说非学校？
就算非学校。
依样画葫芦，
简直太无聊。

劳工幼儿团的接生婆[①]

——致孙铭勋、戴自俺

铭勋、自俺二位同志：

儿童年[②]已经过了十二天了。他和儿童节一样是踏上了少爷年和小姐年之路。这也不足怪。在老爷太太的手里，是不会造出别样的东西。我们是不可以袖手旁观了。近日所谈的劳工幼儿工学团，应是儿童年中最大之贡献。我们必须在这一年里面，会精聚神的创造出一个真正工人的幼儿工学团。这事虽由我们发动，但主体是工人，管理权须在一年半载之内移转于工人之手。我们在开办时即须有此认识；从第一天起便须引导工人自己主持。艺友[③]也要在女工的队伍里物色。这个幼儿工学团，要包含寻常托儿所及幼稚园的优点，而肃清它们的流弊。说得更确切些，我们要跳出传统的托儿所及幼稚园的圈套，而创造出一个富有意义的幼儿工学团。我希

---

① 本文录自1934年2月《生活教育》第一卷第一期，后收入安徽人民出版社1981年版《行知书信集》。正题与副题，均依《行知书信集》编者所拟。本文写于1934年1月13日。致函对象孙铭勋、戴自俺，均为陶行知晓庄师范毕业生（参见《关于设立幼稚学院的意见》注）。他们在校和从业后，均有从事幼稚教育的经历；此时，均在上海协助陶行知办理山海工学团。1934年初，陶行知决定，创设一所“劳工幼儿工学团”，作为“儿童年中最大之贡献”，并指定由孙铭勋、戴自俺二人负责筹创，于是写了这封信。该团简称“劳工幼儿团”，经紧张筹备后，于1934年4月1日开办。该团位于沪西劳勃生路（现胶州路）工厂区，推选女工担任董事，经费主要由上海女青年会资助，专门招收纱厂女工子女入团受教。该团系中国幼儿教育史上第一所为工人子女办理的幼教设施。

② 儿童年，中华民国南京国民政府继1931年确立儿童节（每年4月4日）后，又决定1934年为儿童年。

③ 艺友，见《艺友制的教育》一文。

望你们，草拟一篇宣言、一套计划、一个预算，在一星期或三天内完成，使我能和朋友们作具体之接洽。在我接洽的时候，你们可以在劳勃生路或曹家渡一带女工区内，探访合宜的地点，以靠近女工住所为最好。在草拟计划之前，可托义田①带你们见钟女士，托她介绍你们和几位有孩子的女工谈谈。这计划应当在女工的指导下产生。我希望今年儿童节是第一个劳工幼儿工学团之生辰。我们把自己预备好，等候着做它的接生婆吧！

陶知行

二三·一·十三

---

① 义田，即王洞若（1909—1960），原名义田，又名作、乃明、用观等，笔名旷琴、琴等，江苏丹徒人，晓庄学校第一期学生。当时在上海协助陶行知推行普及教育运动，协助编辑《生活教育》半月刊。后历任生活教育社理事兼服务部常务干事、晓庄研究所驻桂林办事处主任、育才学校研究部主任。1933年11月加入中国共产党，后任育才学校党支部书记。

劳工幼儿团的使命[①]

——致张宗麟

宗麟吾弟鉴：

接读来信及二十三年[②]计划，至为欣慰。现拟在劳勃生路创办一所劳工幼儿团，收容女工的幼儿从事试验。董事与艺友，皆由女工自己担任。铭勋与自俺[③]主持实验。保姆、看护及游戏的伴侣，拟大胆试用七八岁的孩子干干看。我深信他们比老妈子好。你的意见如何？现在加紧筹备，订于儿童节[④]开工。如果办有成效，即可拿它做我们幼儿导师培养的中心。

知行

二三·一·十七

---

① 本文录自 1934 年 2 月《生活教育》第一卷第一期，后收入安徽人民出版社 1981 年版《行知书信集》。正题与副题，均依《行知书信集》编者所拟。致函对象张宗麟，系陶行知在南京高等师范学校学生，后追随陶行知办理晓庄学校(见《如何使幼稚教育普及?》注)。1934 年 1 月 13 日，陶行知致函孙铭勋、戴自俺，明示创设劳工幼儿团。因张宗麟此时已属国内幼教界的知名人物，故陶行知专函知照此事。

② 二十三年，即民国二十三年，公元 1934 年。

③ 铭勋与自俺，即孙铭勋与戴自俺，见《关于设立幼稚学院的意见》注。

④ 儿童节，系中国当时自定节日，为每年的 4 月 4 日。劳工幼儿团创立于当年的 4 月 1 日，较预定的时间提早了三天。

生活教育①

生活教育这个名词是被误解了。它所以被误解的缘故，是因为有一种似是而非的理论混在里面，令人看不清楚。这理论告诉我们说，学校里的教育太枯燥了，必得把社会里的生活搬一些进来，才有意思。随着这个理论而来的几个口号是“学校社会化”“教育生活化”“学校即社会”“教育即生活”。这好比一个笼子里面囚着几只小鸟，养鸟者顾念鸟儿寂寞，搬一两丫树枝进笼，以便鸟儿跳得好玩；或者再捉几只生物来，给鸟儿做陪伴。小鸟是比较的舒服了，然而鸟笼毕竟还是鸟笼，决不是鸟的世界。所可怪的是，养鸟者偏偏爱说鸟笼是鸟世界，而对于真正的鸟世界的树林，反而一概抹煞，不加承认。假使笼里的鸟，习惯成自然，也随声附和的说，这笼便是我的世界；又假使笼外的鸟都鄙弃树林，而羡慕笼中生活，甚至以不得其门而入为憾，那么，这些鸟才算是和人一样的荒唐了。

---

① 本文录自1934年2月《生活教育》半月刊创刊号。本文针对当时学术界、教育界对生活教育的多种误解，进行了拨正，并将生活教育定义为“生活所原有、生活所自营、生活所必需的教育”。尤其值得注意的是，本文提出了生活教育是“下层建筑”的命题：“它与装饰品之传统教育根本不同。它不是摩登女郎之金钢钻戒指，而是冰天雪地下的穷人的窝窝头和破棉袄。”写作本文之时，陶行知所创办的山海工学团，已取得了令人瞩目的成果；他所推进的“小先生运动”，也在全国二十三个省市蓬勃开展起来。毫无疑问，生活教育理论，也可作为幼稚教育的指路灯。《生活教育》，1934年2月创刊于上海，系中国普及教育助成会和国难教育社的会刊，辟有言论、世界大势、科学新知、大众生活、教学做报告、小先生活动、诗歌、通讯等栏目，陶行知任主编。该刊所设“言论”一栏，主要刊载陶行知对教育的看法，如生活教育、普及教育、穷人教育与穷国教育、幼稚园教育等。

我们现在要肃清这种误解。生活教育，是生活所原有、生活所自营、生活所必需的教育（Life education means an education of life，by life and for life）。教育的根本意义，是生活之变化。生活无时不变，即生活无时不含有教育的意义。因此我们可以说："生活即教育。"到处是生活即到处是教育。整个的社会是生活的场所，亦即教育之场所。因此我们又可以说："社会即学校。"在这个理论指导之下，我们承认：过什么生活，便是受什么教育；过好的生活，便是受好的教育；过坏的生活，便是受坏的教育；过有目的的生活，便是受有目的的教育；过糊里糊涂的生活，便是受糊里糊涂的教育；过有组织的生活，便是受有组织的教育；过一盘散沙的生活，便是受一盘散沙的教育；过有计划的生活，便是受有计划的教育；过乱七八糟的生活，便是受乱七八糟的教育。换个说法，过的是小爷生活，虽天天读劳动的书籍，不算是受着劳动教育；过的是迷信生活，虽天天听科学的演讲，不算是受着科学教育；过的是随地吐痰的生活，虽天天写卫生的笔记，不算是受着卫生的教育；过的是开倒车的生活，虽天天谈革命的行动，不算是受着革命的教育。我们要想受什么教育，便须过什么生活。

生活教育与生俱来，与生同去。出世便是破蒙，进棺材才算毕业。在社会的伟大学校里，人人可以做我们的先生，人人可以做我们的同学，人人可以做我们的学生。随手抓来，都是活书，都是学问，都是本领。

自有人类以来，社会即是学校，生活即是教育。士大夫之所以不承认他，是因为他们有特殊的学校给他们的子弟受特殊的教育。从大众的立场上看，社会是大众惟一的学校，生活是大众惟一的教育。大众必须正式承认他，并且运用他来增加自己的智识，增加自己的力量，增加自己的信仰。

生活教育是下层建筑[①]。何以呢？我们有吃饭的生活，便有吃饭的教

① 下层建筑，此处是相对于"上层建筑"而言的。大体说来，上层建筑所对应的是观念形态，以及相应的政治法律制度、组织和设施；下层建筑与经济基础相对应。一般说来，学校教育属上层建筑。陶行知在此将生活教育归入下层建筑，显然是视生活教育为劳动人民所必需的教育。

育；有穿衣的生活，便有穿衣的教育；有男女的生活，便有男女的教育。它与装饰品之传统教育根本不同。它不是摩登女郎之金钢钻戒指，而是冰天雪地下的穷人的窝窝头和破棉袄。

生活与生活磨擦，才能起教育的作用。我们把自己放在社会的生活里，即社会的磁力线里转动便能通出教育的电流①，射出光，放出热，发出力。

---

① 这里所借喻的是发电机原理：社会生活犹如“定子”，产生磁场；个人生活犹如“转子”，通过切割磁力线的运动而产生感应电势，引出后便产生电流。

儿童节标语[①]

儿童是新时代之创造者！

儿童不是旧时代之继承者！

从前世界属大人，今后世界属儿童！

儿童园里无老翁，老翁个个变儿童！

小学生都做小先生！

即知即传人！

不再做小小守知奴！

儿童是改造社会的小工人！

少爷小姐是废物，贪图享福必送终！

不把苦孩子的奶夺来吃！

让小孩子先上车！

把坐位让给小孩子坐！

儿童不再做书呆子！

手脑双挥来做工！

谁要欺负弱与小，拿起小拳向他攻！

取消工厂里的童工！

儿童是民国的小主人！

小孩子联合起来！

---

① 本文录自1934年4月《生活教育》第一卷第四期，署名“陶知行”。发表于1934年4月1日，时值4月4日儿童节前夕。1934年的儿童节，为第四届儿童节。因国民政府已确定是年为儿童年，所以这届儿童节的庆祝也格外隆重。

把儿童自动工学团组织起来！

不对小孩说鬼！

打小孩的人是小孩的公敌！

大家联合起来防拐子！

禁止童养媳！

在山海工学团欢庆儿童节大会上的演说[①]

“从前世界属大人，现在世界属儿童。”现在世界既然属于我们儿童，我们就要把这一个担儿挑起，创造一个美满的快乐的世界，大家共同享受。我们要从这儿童节的大会当中，立一个大的志愿来纪念它！

我们要做：一个“开创新时代”的儿童！

我们要做：一个“即知即传人”的儿童！

我们要做：一个“平等互助”的儿童！

好，诸位先生，诸位小朋友，请多多赐教。

---

① 本文摘自方与严撰《乡下儿童节》一文，原载1934年4月《生活教育》第一卷第五期。今题系编者所拟。本文系演讲摘录，演讲时间为1934年4月4日，记录者为方与严。1934年4月4日，山海工学团举行“欢庆儿童节大会”，陶行知代表大会主席团在会上宣讲“武训与义学”的故事，并背诵武训自作的几首诗。最后，陶行知画龙点睛地说：“他在山东兴了三个义学。我希望今天到会的每一个农友都做一个武训，每一个小朋友都做一个小武训。”

从今年的儿童节到明年的儿童节[①]

今年的儿童节是在微风细雨中过去了。这微风细雨确是象征着现在中国的儿童运动。传统儿童运动之柔软与今年四月四日的天气是相映成趣，而新兴儿童运动之种子也正好在它所润泽的土壤中发生嫩芽。但不久，这嫩芽是需要太阳光来暖化；那笼罩天空的阴沉沉的密云是必须让开。

这几天报纸上是充满了都市儿童的消息：纪念会、招待会、免费游览、减价卖货物、童子军检阅、送儿童玩具、给儿童糖果面包吃。这些是多多益善，谁都高兴。但中国儿童现在所最需要的东西是什么？是动的机会！是自动的机会！是联合自动的机会！这“联合自动”，是一件最可宝贵的礼物，应该用红纸包起来，送给每一个小孩子。我们今年如果把这礼物忘了，还得补送；从今天补送起，送到每一个儿童都得到这个礼物，才算尽了前辈的责任。这笔帐最迟是一年一结。我们期待着明年儿童节的清算。

今年上海市儿童节纪念会[②]中可喜的一件事是劳工儿童代表、五区卷烟业工会伊明望的演说。他要求提倡劳工儿童教育。他说儿童节要打破成人轻视儿童之心理。这不是一个小孩子的私见；他所说的是全国的苦孩子所想说而没得机会说的公意。这是我们亏欠苦孩子的一笔大债。到明年儿童节是预备还掉多少，我们应当通盘计划一下子。

---

① 本文录自1934年4月《生活教育》第一卷第五期。本文写于1934年儿童节过后未久。针对现实的种种不足或弊端，陶行知希望在明年庆祝儿童节时，均能有所补足或矫治。

② 纪念会，指1934年4月4日上午10时在上海市政厅前广场举行的活动。应邀发表演讲者，除市政府官员和儿童代表外，还有中央研究院院长蔡元培。

但是在同一会场上另一小朋友的演说，却使我们有些失望。他要小朋友实行“非礼勿视，非礼勿动”[①]。礼是什么？朱子[②]注解说礼是天理之节文。天理又是什么？我是虚度了四十几岁，却没有把这个问题弄清楚，更不敢向大众宣传。因为我自己不懂的东西，拿来随嘴乱说，我不是变了一个喇叭吗？当时孔子提倡这种学问的时候，就拿不出证据来。他曾经说过：“夏礼，吾能言之，杞不足征也。殷礼，吾能言之，宋不足征也。文献不足故也。足，则吾能征之矣。”[③]

连孔子自己都拿不出证据来，何能取信于人呢？若说我们现在所提倡的不是古礼而是今礼，那么，今礼是那几条？您若打破砂锅问到底，便知道“礼”这个字，在现在是几乎等于代数学上的“X”——是一个未知数。礼既是一个X，小孩子便无所适从。弄到后来，“非礼勿视”会变成一个光棍的“勿视”；“非礼勿动”，会变成一个光棍的“勿动”。勿视与勿动，只是大人的乱命。小孩不视便是瞎孩子，小孩不动便是死孩子。“非礼勿视，非礼勿言，非礼勿听，非礼勿动”[④]，是民族自杀的口号。我们要想创造新民族，只能提倡科学的看、科学的说、科学的听、科学的动！在这一方面的努力，明年的儿童节要看我们的成绩。

大人们异口同声的说：“儿童是未来的主人翁。”这句话是反映着一个

---

① 语出《论语·颜渊》。原文为：“颜渊问仁。子曰：‘克己复礼为仁。一日克己复礼，天下归仁焉。为仁由己，而由人乎哉？’颜渊曰：‘请问其目。’子曰：‘非礼勿视，非礼勿听，非礼勿言，非礼勿动。’颜渊曰：‘回虽不敏，请事斯语矣。’”

② 朱子，即朱熹（1130—1200），字元晦，又字仲晦；号晦庵，晚号晦翁；又称紫阳先生、考亭先生、沧州病叟、云谷老人等。徽州府婺源县（今江西婺源）人，南宋著名的理学家、思想家、哲学家、教育家，为“程朱理学”的代表人物，毕生倡行“存天理，灭人欲”，强化了儒家“礼教”。所著《四书章句集注》，不仅成为后世学校的教材，还成为科举考试的依归。

③ 语出《论语·八佾》。大意为：“夏代的礼，我能说出来，它的后代杞国不足以作证；殷代的礼，我能说出来，它的后代宋国不足以作证。这是他们的历史文献和贤者不够的缘故。若有足够的文献和贤者，我就可以引来作证了。”

④ 《论语》原文是“非礼勿视，非礼勿听，非礼勿言，非礼勿动”，即所谓的“视听言动”。

传统的态度。表面上看去好像是一种期望，其实是一种变形的抹煞，抹煞了儿童的现在的资格。儿童是现在的小主人！明年的儿童节，我希望大家都承认这“小主人”的封号，并且不阻挠儿童实行主人的职权。

这次新闻界是抹煞了乡村的儿童。除了《申报画报》[①] 有一张乡下小孩放风筝的图画外，简直找不着一点乡村消息。独有《时代》记者叶浅予[②]先生冒雨下乡，采访乡下儿童节新闻。明年儿童节我希望多有几位新闻记者能蹈着浅予先生的脚步到乡下来，打听乡村儿童的苦况，使他们的啼声能达到国人的耳鼓。

最后我有一点小希望要向大家陈述。“小先生”“儿童工学团”和“劳工幼儿团”[③] 都是今年儿童节的新礼物。我希望：这些种子能遍撒人间，会和明年的黄金色的菜花一齐开放，开得一样的茂盛。到那时，儿童们当是多么的欢喜啊！

---

① 《申报画报》，即《申报星期画刊》，由申报馆主办，戈公振主编，创刊于1930年。该刊不仅重视图片质量，还特别重视图片的新闻性。

② 叶浅予（1907—1995），原名纶绮，笔名初萌、性天等，浙江桐庐人。中学时自修绘画，1929年开始创作漫画。后集成《王先生别传》和《小陈留京外史》，在画坛初露头角。时任《时代画报》记者。抗日战争爆发后，在上海组织漫画宣传队，后赴香港经办《今日中国》。1947年，到北平艺术专科学校任教。中华人民共和国成立后，历任中央美术学院中国画系主任、中国画研究院副院长等职。代表作有《维吾尔人》《婆罗多舞》《长安怀古》等。

③ “小先生”，指“小先生制”和“小先生运动”，1934年1月28日由山海工学团创制和发动。“小先生制”是20世纪30年代陶行知倡行的一种普及教育的办法。他主张“知识公有”“即知即传人”“以教人者教己”，并提出和试行以“小先生”来开展人民大众的教育。1949年后，在开展农村的冬学、扫盲运动中，人们也采用了“小先生制”这种办法，取得了积极的成果。“儿童工学团”，全称“儿童自动工学团”，20世纪30年代上海工学团运动中出现的一种组织形式。陶行知创办儿童工学团的目的，是组织一村儿童或数村儿童联合起来，自动过“工以养生，学以明生，团以保生”的集体生活。“劳工幼儿团”，是为女工子女创设的托幼和启蒙教育设施，创立于1934年春。

传统教育与生活教育有什么区别①

前星期日来晚了，听说大家在此地讨论一个很有趣的问题，叫“吃人教育与生活教育有什么区别”。我不能参加讨论，没有发表意见。今天，又来晚了，现在我发表我的一点意见。

吃人教育与生活教育有什么区别？我的意思，不如说“传统教育与生活教育有什么区别”。所谓吃人教育，就是指传统教育而言的。现在，我们可以这样说：传统教育，是吃人的教育；生活教育，是打倒吃人的教育。

传统教育是怎样吃人的教育呢？他有两种吃法：

（一）教学生自己吃自己。他教学生读死书，死读书；他消灭学生的生活力、创造力；他不教学生动手、用脑。在课堂里，只许听教师讲，不许问。好一点的，在课堂里允许问了，但他不许他出到大社会里、大自然界里去活动。从小学到大学，十六年的教育②一受下来，便等于一个吸了鸦片烟的烟虫：肩不能挑，手不能提，面黄肌瘦，弱不禁风。再加以要经

---

① 本文录自1934年12月《生活教育》第一卷第二十期中戴自俺、吴锦璋《传统教育与生活教育有什么区别——山海工学团星期总集合讨论会记录》。本文系发言记录，记录者为戴自俺、吴锦璋。此二人时任山海工学团指导员。“星期总集合讨论会”，系山海工学团的例会，定于每周日举行，用以交流经验、发现问题和进行理论探讨。

② 十六年的教育，指“壬戌学制”所确立的小学、中学和大学十六年的修业年限。该学制主干学程的简要表述式为“六·六·四”。

过那些月考、学期考、毕业考、会考①、升学考等考试，到了一个大学毕业出来，足也瘫了，手也瘫了，脑子也用坏了，身体的健康也没有了；大学毕业，就进棺材。这叫做读书死。这就是教学生自己吃自己。

（二）教学生吃别人。传统教育，他教人劳心而不劳力，他不教劳力者劳心。他更说："劳心者治人，劳力者治于人。"说得更明白一点，他就是教人升官发财。发谁的财呢？就是发农人、工人的财。因为只有农人、工人，才是最大多数的生产者。他们吃农人、工人血汗，生产品使农人、工人自己不够吃，就叫做吃人的教育。

生活教育与传统教育则刚刚相反：

（一）他不教学生自己吃自己。他要教人做人，他要教人生活。健康是生活的出发点，他第一就注重健康。他反对杀人的各种考试，他只要创造的考成，也就是他不教人赶考、赶人死。简单的说来，他是教人读活书，活读书，读书活。

（二）他也不教学生吃别人。他不教人升官发财，他只教中国的民众起来做主人，做自己的主人，做政府的主人，做机器的主人。他教人要在劳力上劳心。即使有人出来做官，他是要来服侍农人和工人；看看有吃农人或工人的人，他要帮助农人、工人把他干掉。做官并不坏，但只要能够服侍农人、工人，就是好的。他更要教人做到"工以养生，学以明生，团以保生"。说得更清楚些是：教大众以大众的工作，养活大众的生命；以大众的科学，明了大众的生命；以大众的团体的力量，保护大众的生命。

① 会考，即毕业会考，指检验毕业生是否合格的统一考试。1932年5月，教育部颁布《中小学学生毕业会考暂行规程》，后相继公布《中学毕业会考规程》及《师范学校毕业会考暂行规程》。规定只有毕业会考通过，才能获得相关学校的毕业文凭，才具备报考更高一级学校的资格。

给荆璞的信[1]

荆璞同志：

昨天从武昌渡江的时候，宗麟[2]把您的信给我看。手上换〔摸〕着很厚很厚的一叠，不像平常的送别信。我疑心里面有些出人意外的礼物。

打开一看，知道是您产后不用老妈省下来的钱[3]，要我代您用去。当时几分钟内，使我心里起了波浪，不知如何是好。最初我想托宗麟带回来还您。因为这种牺牲精神结晶的礼物，几乎是没有人配接受。等到转了一个念头，我就毅然决然的毫不推让的收了下来。

山海幼儿团[4]和劳工幼儿团里的孩子们，是过着贫苦的生活。有了您这笔款子去，是能叫他们生活丰富起来。

春神来到，小树将要复活了。在我们的女同志中，您是最能牺牲的一

---

① 本文录自1935年5月《生活教育》第二卷第六期。本文写于1935年3月9日。王荆璞（1907—1984），福建人。1928年夏，担任燕子矶幼稚园指导员。1930年，与张宗麟结婚。后任扬州中学附小教员、山海工学团幼教指导员。又随张宗麟赴厦门集美幼师、广西桂林师专、山东邹平乡村师范从事幼教工作。时在武汉幼稚园任职。1935年3月上旬，陶行知应邀赴汉口推行“小先生制”。3月8日，陶行知渡江过武昌赴湖北教育学院看望张宗麟夫妇后，张宗麟送陶行知至轮渡码头。临别时，张宗麟转交了王荆璞托交的信。次日，陶行知便复信致谢。

② 宗麟，即张宗麟。

③ 似指在武昌临盆分娩张鄂这件事。张宗麟与王荆璞共育有两儿一女，另两个子女为：张鄂之姐，名张沪；张鄂之兄长，名张闽。

④ 山海幼儿团，指位于上海市郊山海工学团内所设的幼儿团。

位。在徐家角您背着阿沪办幼稚园的影像[①]，是深刻的印入了我的头脑里。总有一天会有人要代您选这样一个像。我知道，您就是一位二十世纪的观世音菩萨啊！祝

您和宗麟联合湖北教育学院[②]及湖北同志们向前创造。

您们永久的朋友，二四年三月九日

---

① 徐家角，指陶行知在上海徐家角乔氏山庄所设幼教设施。阿沪，指张宗麟、王荆璞夫妇的长女张沪，当时仅一岁左右。

② 湖北教育学院，创设于1931年，首任院长黄建中。张宗麟时任该院教育系主任。

儿童科学通讯学校招收学员[①]

校长陶行知　指导员均聘各门专家担任

二十世纪的世界是一个科学的世界。在科学的世界里，只有科学的国家才能存在。我们必须使中华民族具备科学的本领，成为科学的民族，以适应现代生活，生存于现代世界。但是，科学要从小教起。我们要想造一个科学的民族，必得要加工培植嫩芽的儿童。本校感觉儿童科学教育之重要，特发起创立，期使科学的民族早日产生。凡爱好科学的儿童与有志指导儿童学习科学的教师和家长，均请报名入学，共同研究，共同实验，不胜欢迎之至！

---

① 本文录自1935年4月《生活教育》第二卷第四期，在其后的五、六、七期上又连续刊载。原发表时无署名，由于陶行知为儿童科学通讯学校校长，加之从文字内容看，均可推定为陶行知草拟。正题之前，冠有“上海市教育局登记”。文后，附有初级和高级学费表、报名手续及地点等。儿童科学通讯学校创立于1932年6月。学校校长为陶行知，指导员均聘各科专家担任。学校分初、高两级，初级班招收初小教师、师范生、家长、初小学生和略识大众文的青年，高级班招收高小教师、师范生、家长、初中学生、高小学生和文字通顺的青年，修业均为两年。办学目的是造就科学的儿童、科学的民众。

生活教育之特质[①]

您如果看过《狸猫换太子》那出戏，一定还记得它里面有一件最有趣的事情，就是出现了两个包龙图[②]：一个是真的，还有一个是假的。我们仔细想想，是越想越觉得有趣了。世界上无论什么事，都好像是有两个包龙图。就拿教育来说吧，您立刻可以看出两种不同的教育：一种叫做传统教育，另一种叫做生活教育。又拿生活教育来说吧，您又可以发现两种不同的说法：一种主张“教育即生活”，另一种是主张“生活即教育”。我现在想把生活教育的特质指出来，目的不但要使大家知道生活教育与传统教育之不同，并且要使大家知道把假的生活教育和真的生活教育分别出来。

（一）生活的

生活教育的第一个特点是生活的。传统的学校要收学费，要有闲空功

① 本文录自1936年3月《生活教育》第三卷第二期。本文集中讨论生活教育的特质。尽管此前陶行知已通过撰文、演讲、答问等多种形式对生活教育进行过阐释，然而误解甚至攻讦始终不断。本文从“特质”的角度，将生活教育与传统教育的区别予以廓清和界定。本文的特别价值在于，首次提出了“前进的”和“有历史联系的”两项特质。前者所明示的，是教育方向，即只有向上的、与时俱进的生活，方具有生活教育的价值，它批驳了将教育与生活等同的误解；后者所声明的，是对待文化遗产的态度，即通常所言“批判地继承”，它回击了视生活教育为“历史虚无主义”的批评。

② 包龙图，即包拯（999—1062），字希仁，庐州合肥（今安徽合肥）人。进士出身，历任监察御史、三司户部判官、开封府尹、御史中丞、枢密副使等职。为官清廉，断狱刚正，有“铁面包公”“包青天”之称。因曾被授“龙图阁直学士”，故又有“包龙图”之称。

夫去学，要有名人阔老介绍才能进去。有钱、有闲、有面子，才有书念。那么，无钱、无闲、无面子的人又怎么办呢？听天由命吗？等待黄金时代从天空落下来吗？不！我们要从生活的斗争里钻出真理来。我们钻进去越深，越觉得生活的变化便是教育的变化。生活与生活一磨擦便立刻起教育的作用。磨擦者与被磨擦者都起了变化，便都受了教育。有人说，这是“生活”与“教育”的对立，便是“生活”与“教育”的磨擦。我以为教育只是生活反映出来的影子，不能有磨擦的作用。比如一块石头从山上滚下来，碰着一块石头，就立刻发出火花；倘若它只碰着一个石头的影子，那是不会发出火花的。说得正确些，是受过某种教育的生活与没有受过某种教育的生活，磨擦起来，便发出生活的火花，即教育的火花；发出生活的变化，即教育的变化。

（二）行动的

生活与生活磨擦，便包含了行动的主导地位。如果行动不在生活中取得主导的地位，那么，传统教育者就可以拿“读书的生活，便是读书的教育”来做他们掩护的盾牌了。行动既是主导的生活，那么，只有“为行动而读书，在行动上读书”才可说得通。我们还得追本推源的问：书是从那里来的？书里的真知识是从那里来的？我们是毫不迟疑的回答说：“行是知之始”，“即行即知”；书和书中的知识，都是著书人从行动中得来的。我要声明著书人和注书人、抄书人是有分别。人类和个人的知识的妈妈都是行动。行动产生理论，发展理论。行动所产生、发展的理论，还是为的要指导行动引着整个生活冲入更高的境界。为了争取生活之满足与存在，这行动，必需是有理论、有组织、有计划的战斗的行动。

（三）大众的

少爷小姐有的是钱，大可以为读书而读书，这叫做小众教育。大众只可以在生活里找教育，为生活而教育。当大众没有解放之前，生活斗争是大众惟一的教育。并且孤立的去干生活教育，是不可能的；大众要联合起来，才有生活可过；即要联合起来，才有教育可受。从真正的生活教育看来，大众都是先生，大众都是同学，大众都是学生。教学做合一、即知即传是大众的生活法，即是大众的教育法。总说一句，生活教育是大众的教育，大众自己办的教育，大众为生活解放而办的教育。

（四）前进的

有人说生活既是教育，那么，自古以来便有生活即有教育，又何必要我们去办教育呢？他这句话，分析是对的，断语是错的。我们承认，自古以来便有生活即有教育。但同在一个社会里，有的人是过着前进的生活，有的人是过着落后的生活。我们要用前进的生活来引导落后的生活，要大家一起来过前进的生活，受前进的教育。前进的意识，要通过生活才算是教人真正的向前去。

（五）世界的

课堂里既不许生活进去，又收不下广大的大众，又不许人动一动，又只许人向后退、不许人向前进，那么，我们只好承认社会是我们的唯一的学校了。马路、弄堂、乡村、工厂、店铺、监牢、战场，凡是生活的场所，都是我们教育自己的场所。那么，我们所失掉的是鸟笼，而所得的倒是伟大无比的森林了。为着要过有意义的生活，我们的生活力是必然的冲开校门，冲开村门，冲开城门，冲开国门，冲开无论什么自私自利的人所造的铁门。所以整个的中华民国和整个的世界，才是我们真正的学校咧。

（六）有历史联系的

这里应该从两方面来说。第一，人类从几千年生活斗争中所得到而留下来的宝贵的历史教训，我们必须用选择的态度来接受。但是我们要留心，千万不可为读历史而读历史。我们必须把历史的教训，和个人或集团的生活联系起来。历史教训必须通过现生活，从现生活中滤下来，才有指导生活的作用。这样经生活滤过的历史教训，可以使我们的生活倍上加倍的丰富起来。倘使一个人停留在自我或少数同伴的生活上，而拒绝广大人类的历史教训，那便是懒惰不长进，跌在狭义的经验论的泥沟里，甘心情愿的做一只小泥鳅。第二，中国已经到了生死关头，争取大众解放的生活教育，自有它应负的历史的使命。为着要争取大众解放，它必须争取中华民族的解放；为着要争取中华民族之解放，它必须教育大众联合起来，解决国难。因此，推进大众文化以保卫中华民国领土主权之完整，而争取中华民族之自由、平等，是成了每一个生活教育同志当前所不可推却的天职了。

儿童节对全国教师谈话[①]

儿童的教师应该怎样干？我拿这个问题问过自己，问过朋友，问过好多小学教师。现在，中华民国已经到了生死关头，我们做教师的人，应当怎样做才能帮助解决国难而不致加重国难？我常以这个问题问人。现在人也常以这个问题问我了。这里是我的答覆：

第一，追求真理。小孩是长进得很快，教师必须不断的长进，才能教小孩。一个不长进的人是不配教人，不能教人，也不高兴教人。小孩快赶上你了！你快要落伍了！“后生可畏”不是一句客气话，而是一位教师受了小孩蓬蓬勃勃的长进的压迫之后，对于自己及一切教师所提出来的警告。只有不断的追求真理才能免掉这样的恐怖；也只有免掉这种恐怖，才能教小孩。否则，便要因为怕小孩而摧残小孩了。如果我把“小孩”调换为“青年”，那么，情形是格外的严重了。我得声明真理离开行动好一比是交际花手上的金钢钻戒指。我们所要追求的，是行动的真理、真理的行动（Truth in Action）。这种真理不是坐在沙发上衔着雪茄烟所能喷得出来的。行动的真理必须在真理的行动中才能追求得到。你不钻进老虎洞，怎能捉得小老虎？

第二，讲真话。让真理赤裸裸的出来和小孩子见面。不要给他穿上天使的衣服，也不要给他戴上魔鬼的假面具。你不可以为着饭碗、为着美人、为着生命，而把“真理”监禁起来，或者把他枪毙掉。教师只能说真

---

① 本文录自1936年4月《生活教育》第三卷第三期，后收入陶行知自编的《中国大众教育问题》一书时，改名为《怎样做大众的教师》。陶行知在这篇谈话里，表达了生活教育理论指导下的理想教师观。

话。说假话便是骗子，怎么能做教师呢？

第三，驳假话。说假话的人太多了，教师要有勇气站起来驳假话。真理是太阳，歪曲的理论是黑云。教师要吹一口气，把这些黑云吹掉；那真理的太阳，就自然而然的给人看见了。

第四，跟学生学。你要教你的学生教你怎样去教他。如果你不肯向你的学生虚心请教，你便不知道他的环境，不知道他的能力，不知道他的需要；那么，你就有天大的本事，也不能教导他。他要吃白米饭，你倒老是弄些面条给他吃，事情是会两不讨好。不但为着学生，而且为着你自己，你也得跟你的学生学。你只须承认，小孩有教你的能力；你不久就会发现小孩能教你的事情多着咧。只须你甘心情愿跟你的学生做学生，他们便能把你的“思想的青春”留住：他们能为你保险，使你永远不落伍。

第五，教你的学生做先生。你跟学生学是教学生做你的先生。如果停止在这里，结果怕要弄到师生合做守知奴①，于大众毫无关系。你必得进一步教你的学生去教别人，你必须教你的学生把真理公开给大众。你得教你的学生拿着真理的火把，指点大众前进。

第六，和学生、大众站在一条战线上。教师不和学生站在一条战线上，便不成为教师。这是怎样说呢？因为他要到西方去，你却教他往东走；反过来，他要到东方去，你却教他往西走。这种牛头不对马嘴的教育，怎能行得通呢？有些教师，不恤使用强迫手段，要学生朝着教师指定的路线走，结果是造成师生对垒，变成势不两立。在势不两立的局面下，还能叫学生接受他的指导吗？不但如此，先生、学生虽是打成一片，如果他们联合行动的目标，与大众所希望的不符，还只是小众的勾结，将为时代所不容。因此，做教师的人，必须和学生、大众站在一条战线上，为真理作战，才算是前进的教育。现在中国第一件大事，是保障中华民国领土、主权之完整，与争取中华民族劳苦大众之自由、平等。教师和学生、

---

① 守知奴，陶行知独创的新名词。它类通于“守财奴”，即有了知识便不愿传授出去的人。这种人，没有“即知即传人”的精神。这种自私自利的知识占有者，便被戏称为“守知奴”。

大众，都要针对着这个大目标，才能站在一条战线上来。教师和学生、大众站在这一条战线上来奋斗，才算是实行着真正解决国难的教育。你若把你的生命放在学生的生命里，把你和你的学生的生命放在大众的生命里，这才算是尽了教师的天职。

我们如果能把上面这六点做到，便不愧为现代的教师了。这样的教师，我相信，对于民族解放、大众解放、人类解放，是有贡献了。

儿童的世界[①]

从前世界属大人，

以后世界属儿童。

这是今年儿童节我们所唱的两句歌词，也就是新世界与旧世界合拍的一幅小影。是的，从前世界里一切都归大人所有，连小孩子也变成大人的私产，甚至于可以当作商品卖。如不相信，请听我唱吧：

假母女，

养女如养猪。

谁个银子多，

可以卖肥猪？

小孩子最大的敌人有时便是他们的亲生爹娘，谁能料得到呢？

世上一切既为大人所有，小孩子如果要想分一点肥，只有一个法子，非大人的话不敢说，非大人之行不敢动。他必须学做一个小大人，才能得大人之宠而共大人之产。于是：

规矩和奶一齐吃，

六岁已变小老翁。

然而小孩子毕竟是小孩子，对于大人的压迫是不断的反抗。一座小小

① 本文录自1935年1月《新儿童》杂志第一卷第一期。陶行知在文中认为首先“要打破这个大人世界，打破大人所造成的谣言的世界、恐怖的世界、享福的世界、书呆的世界、惨酷的世界、奴隶的世界”。其次，“儿童的世界是要由儿童自己动手去创造。我们要停止一切束缚，使儿童可以自由活动，这儿童的世界，才有出现的可能”。儿童是现在生活的小主人，他们需要自己长大，也只能自己长大。

的火山，只要是活的，自然时常喷出火焰来。您看！

生来不自由，
生来要自由。
谁是真革命？
首推小朋友。

大人坐在针毡上，如何能安？他必须借外力来消灭革命的孩子。如果小孩子不受指挥，大人有的是糖果，怕你不软化？有的是威吓，怕你不屈服？你如果不愿意受他的麻醉，他会在门口造一只老虎吃你，在房里造一个恶鬼拖你，使你进退两难。总而言之，他是不许你动：

谁敢大胆动一动，
俺就断他是反动。

于是大人赐给小孩子的，是一个恐怖的世界。日里听了恐怖的话，夜里还要做恐怖的梦咧。为小孩子造成这样的恐怖世界已是不可宽恕，他还叫小孩子屈伏在恐怖之神之前，以造成不抵抗之劣根性，那更是罪大恶极了。

这种恐怖的瘴气，是笼罩在每一个小孩子的头上，几乎是没有一个小孩子能跳出这个圈套。然后依照家庭的地位，各种的小孩子是有各种的世界。有钱的小孩子，是在温柔的世界里享现成福，把自己造成了少爷小姐，互做玩物彼此玩，一直玩到死，死在安乐之窝里。一部份的少爷小姐，又在字纸篓的世界里蛀书吃字纸，把自己造成读死书、死读书、读书死的书呆子。穷人家的小孩子不能做少爷小姐，也读不起书，八九岁就送出门去，一面学手艺，一面做奴隶，或是送到工厂里去活活的给机器妖怪慢慢吸他的血，甚至于送命。没有工做的，就在街上打流，一不小心，给车马冲成肉酱。拐子老是像猫样在街头巷尾等候着：女孩子拐去卖入娼门，男孩子切作肉包饺子卖。如果生下地就养不起，大人全把小孩子抛到河里淹死，或送给育婴堂里去，弄得一个活的进去、一个死的出来。在大人的世界里，小孩子是这样的牺牲了。

我们要打破这个大人世界，打破大人所造成的谣言的世界、恐怖的世界、享福的世界、书呆的世界、惨酷的世界、奴隶的世界。

在大人的世界之遗迹上，我们要创造儿童的世界。儿童的世界里，只有真话没有谣言，只有理智没有恐怖，只有创业没有享福，只有公道没有惨酷，只有用的书没有读的书，只有人——只有人中人，没有人上人，没有人下人，没有奴隶。

这个儿童世界不是由大人们造好之后，现现成成的交给小孩子去享受。大人代儿童造的世界必是于儿童有害的。儿童的世界是要由儿童自己动手去创造。我们要停止一切束缚，使儿童可以自由活动，这儿童的世界，才有出现的可能。所以我们最重要的工作在解放儿童的头脑与双手；儿童的手脑一经解放，这新的儿童世界自然会应运而来了。

人生两个宝：
双手与大脑。
用脑不用手，
快要被打倒。
用手不用脑，
饭也吃不饱。
手脑都会用，
才算是开天辟地的大好老〔佬〕。

我们来解放儿童的头脑与双手吧，不够，不够。如果我们是书呆子，我们还得解放我们自己的软手软脚，解放我们自己的呆头呆脑。如果我们是田呆子、机器呆子，也得解放我们自己的笨头笨脑，解放我们自己的粗手粗脚啊！小朋友！您们也不要老是等着别人来解放您。您的脑袋是长在您的头颈上，您的双手是长在您的身体上，拿来用他一用，您就成了一个开辟儿童世界的小盘古了。拿把剪子来把那捆您的绳剪断：

世事须从小儿意，
不从儿意不成功。
谁敢欺负小孩子，
联合小拳向他攻。

我们还要知道这个儿童世界是大众的儿童的世界，决不是少数的儿童的世界，也不是顾到这个儿童而忘了那个儿童的儿童世界。可是提倡儿童幸福的人们，有多少还是在那儿排演下面一类的惨剧啊？《奶妈的婆婆之悲哀》：

人人羡慕儿童节，
我家宝宝哭不歇。
张家新生小少爷，
雇个奶妈好过节。
媳妇做了奶妈去，
奶变张家少爷血。
张家少爷白又胖，
胖如冬瓜白如雪。

人人羡慕儿童节，
我家宝宝哭不歇。
老奶给他尝一尝，
无奈奶头久已瘪。
清水米汤吃不饱，
小儿苦恼向谁说？
红红绿绿争点缀，
问是谁的儿童节？

我们要把这种剧本丢下火炉烧掉了，永远不再排演。我们要引导大众的儿童来造成这儿童世界，以供献于大众的儿童。

那么，大人在儿童世界里就没有地位吗？您是提倡儿童专政吗？也对也不对。让我的一首小诗来奉答您吧：

儿童园里无老翁，
老翁个个变儿童。
变儿童，
莫学孙悟空。
他在狮驼洞，
也曾变过小钻风。

小钻风，
脸儿模样般般像，
拖着一条尾巴儿两股红。

我们必得重生为小孩子，才能加入小孩子的队伍里去工作。变吧，变吧，大家都变成真的小孩子，那是多么够味儿的事啊！

言归正传，我们要依据上面几条原则在上海创办一个儿童世界。其实是培养一个儿童世界的细胞。在这里面，我们要编儿童用的书报，造儿童玩的玩物，制儿童做工的工具，并出卖大众儿童生活所需要的东西。我们这儿童世界是一个小小工场，是一个小小商店，是一个小小学园，是一个小小俱乐部。我们欢迎小孩子来玩、来学、来做工、来买东西。小孩子是我们的股东，是我们的伙计，是我们的工人，是我们的顾客，是我们的学生，同时也是我们的先生。我们先变了小孩子，再教小孩子自己把儿童世界的细胞造起来献给大众的儿童。

我们这个小小事业只是整个儿童世界的第一个细胞，一是千万之起点。我们希望这个细胞造成以后会自然而然的繁殖出去。大家一起来迎接这新生命之降临吧。大家一起来同声为这新生命的前途歌唱吧：

天也欢喜，
地也欢喜，
人也欢喜。
欢喜你多福多寿多儿子，
儿子又生孙，
孙又生儿子，
子子孙孙生到无穷期。
有几分儿像你，
有几分儿不像你。

谈谈儿童节[1]

谁的儿童节？是前年的儿童节吧，我在大家兴高彩烈的时候发现了这样一个悲惨的问题：谁的儿童节？这个问题引导我联想到一幕一幕的亲眼看过的苦儿生活。我不知道从那里来的力量，立刻抓住一件伤心事，写成一篇《奶妈的婆婆之悲哀》：

人人羡慕儿童节，
我家宝宝哭不歇。
张家新生小少爷，
雇个奶妈好过节。
媳妇做了奶妈去，
奶变张家少爷血。
张家少爷白而胖，
胖如冬瓜白如雪。

人人羡慕儿童节，
我家宝宝哭不歇。
老奶给他尝一尝，
无奈奶头久已瘪。

---

① 本文录自1936年4月《永生》周刊第一卷第五期。《永生》周刊系生活书店主办，用以替换被查封的《大众生活》（邹韬奋主编）。《永生》周刊主编金仲华，曾与陶行知共同发起成立上海文化界救国会。本文文字直白，所反映的“大众儿童观”，在幼教思想发展史上留下了印记。

红红绿绿争点缀，
问是谁的儿童节？

“儿童是人生的黄金时代。”这句话是有多少真理？我们不能不怀疑。世界上有多少小孩的黄金时代，是被贫穷堆没掉了，是被坏人和不公平的制度剥削掉了。过节的意思，有的是纪念已往，有的是享受现在，有的是创造将来。已往只有悲哀，现在无可享受的穷孩子，是要把这儿童节的刺激变成奋斗的力量。从今日起就开始动手创造将来的黄金时代。

儿童要什么？创造这个黄金时代，儿童需要我们给他们的是什么东西？儿童节我们该送什么礼物？我从前以为他们需要爱。我也曾经给过他们一些神秘的爱。我现在知道他们不需要这种歪曲的爱。爱的教育，是不能兑现的。爱的教育容易捧，容易哄。溺爱是有害的，把小孩拉住，使他们不能向前跑。小孩所需要的，不是爱，而是了解。下面是我的儿童年献歌，发挥这个了解儿童的意义。

弄冬一弄冬，
今年属儿童。
不要你哄，
不要你捧，
只要你懂——
懂得我们还是小儿童，
不要教成小老翁。

我们要懂得儿童，这是父母先生顶大的责任。我们要懂得儿童不做小古董，给人玩耍誓不容。懂得儿童不做小笼统，千问万问要问懂。懂得儿童不做蛀书虫，求学只是为大众。懂得儿童不享现成福，手脑双挥要劳动。懂得儿童爱拆自鸣钟，拆得散来凑不拢。懂得穷孩肚子快饿通，饿死穷孩大不懂。懂得教师应敬小朋友，不再打人摆威风。懂得儿童能做小先生，即知即传向前冲。懂得帝国主义该打倒，联合小拳总进攻。

儿童能做什么？社会上的人往往说，小孩能做什么？他们是看轻小孩子，尤其是看轻穷孩子。我们加入在小孩子的队伍里的时候，立刻发现小孩子的力量是出人意外之大。在儿童年献歌里已经指出，小孩能做小先生和打倒帝国主义的小先锋。在整个的民族解放运动中，我们必须承认小孩有伟大的力量，并且必须允许这种力量充分的发挥出来。我们应当动员全国的小学生做小先生。是的！

我是小学生，
变做小先生：
粉碎那知识私有，
把时代儿划分。

做小先生，是家境好一点的小孩替穷孩子和妇女及劳苦大众最好的服务。要叫这种服务得到最大的效力，需用拼音的新文字，并且与救国运动密切联系起来。

四月四，四月四，
小孩也能做大事。
做什么大事？
学新文字！
教新文字！
有了新文字，
老老少少都识字。

四月四，四月四，
小孩也能做大事。
做什么大事？
研究国事！
报告国事！
明白了国事，
百姓个个会管事。

四月四，四月四，
小孩也能做大事。
做什么大事？

嘴上长刺！
手上长刺！
遇着敌人来，
千千万万向前刺！

在汉口儿童保育院欢迎茶会上的讲话大要[①]

（陶氏首言保育难童之重要，向全体工作人员致敬。次就生活即教育、社会即学校、用小孩教小孩，发挥陶氏一贯之主张。并且指出：）

（一）不要把保育难童工作认为是慈善事业，应认为是保育中国的幼年主人，与将士在前线捍卫国家一样的重要。

（二）特别注意天才儿童，使之能获得自由发展。

（三）沦陷和战区儿童有两千万，保育工作尚须努力开展。

（次述旅外观感：）

（一）抗战之后，各国一变轻视华人之心为尊敬，只有德、意不然。

（二）各国华侨，均异常精诚团结，一心一德为祖国努力。

（最后说到在香港的见闻：）

（一）香港九龙发起义卖献金救国，已得三百余万元。热诚可佩。

---

① 本文录自1938年10月5日《新华日报》中《儿童保育院欢迎陶行知》，题目由编者所拟。本文系发言记录，发言时间为1938年10月4日晚，记录者为《新华日报》记者。儿童保育院，全称“战时儿童保育会”，隶属于中国妇女慰劳自卫抗战将士总会，宗旨是保育战时儿童。1938年3月，该会在汉口圣罗以女子中学成立，宋美龄和李德全分别为正、副理事长。该会成立不久，即在汉口筹建临时保育院，分赴台儿庄、郑州、开封、徐州等抗战前线抢救难童。其后，保育会成立了20多个分会及53所战时儿童保育院。陶行知于海外归国后，经香港、广东、湖南，于1938年10月2日凌晨，乘船由岳阳抵达汉口。在汉期间，他应邀参观汉口保育院。10月4日晚，他赴该院的欢迎茶会，并发表了这个讲话。

（二）赵老太太[①]的“不死在床上，死在战场才痛快”的精神，最所感奋。

① 赵老太太，即赵洪文国（1881—1950），汉军旗人后裔，夫姓赵，本名洪文国，辽宁岫岩人。抗日战争时期，不仅支持二子赵连秀、三子赵侗、爱女赵理智投身抗日救亡运动，而且她本人也放开小脚，打上绑腿，腰插双枪，参加抗日，并协助其三子赵侗组织并创建了辽南“少年铁血军”、河北“国民抗日军”、河南“太行山光复军”以及“晋察冀游击纵队”。在重庆结识陶行知后，她支持生活教育运动，为生活教育监事。陶行知在《敬送赵老太太》一诗中誉其为“游击队之母”。

《战时儿童训练法》题词①

小孩的力量不小。小孩的集体的力量更不小。小孩教育，是要培养他们团起来做手脑并用的小工人，团起来做共学互教的小学生，团起来做即知即传的小先生，团起来做反抗侵略的小战士。

《战时儿童训练法》题词

陶行知

二八、三、十一

① 本文录自重庆青年书店1940年版《战时儿童训练法》书首手迹影印件，题于1939年3月11日。今题系编者所拟。《战时儿童训练法》的作者为盛克猷（1914—2011），安徽南陵人。25岁时，即在《大公报》发表《中华民族气节论》，又热衷研究教材与教法。历任临沂师范教师、临沂教育学院教授。著有《怎样听课与分析课》。盛克猷晚年撰有《陶行知先生战时儿童教育思想的回忆》一文。其中记有，他是1939年3月8日恳请陶行知题词的。他们并非熟识，也并无熟人引荐。他慕名冒昧前往，只是抱着侥幸一试的心态。然而出人意料的是，陶行知很快便翻阅了书稿，并完成了题词。

这样才是大时代的儿童[①]

小朋友，亲爱的小朋友……你们大时代的儿童是要做小先生的。就是我们的小孩所知道的事情、认识的字，去教一般文盲的大人，使他们也能认识字、知道国家大事和抗战的重要……这种工作是非常的重要。还有你们要去做小工人，我所说的工人，并不是造桌子椅子才是工人；这一种工人是叫大家用脑和手合作，将自己的国家、团体和学校造好，在里面不要做不利于学校、团体和国家的事；同时要常常用脑子想：怎样才会使自己团体、学校、国家健全成一个好的工作团体、好学校、好国家呢？再努力用手去做，这也叫小工人……

亲爱的小朋友们，在神圣抗战工作阵线上，各位要去做一个坚强的小战士，我不是叫各位拿起枪上前线打仗，才叫战士，恐怕枪还比你们身子长呢！（陶先生手势比他高健的身子还比得高——怪有趣的——大家都笑了。——记录者），这里小战士是在后方作宣传工作，去唤醒民众、慰劳、募捐、节约献金、侦察汉奸等许多许多的抗战工作，小孩是做得到的。记得台儿庄大胜利的前夕，附近一个乡村上，有一队儿童宣传队，到这个乡村来宣传。唱歌的、演讲的，是非常热情，面带有煽动性的说：“那些狼心狗肺的汉奸，卖自己国家、同胞给日本强盗，你想你（汉奸）在中国卖自己的国家当汉奸，并且你还是中国人，你祖宗也是中国人。在日本你不卖日本吗？帮日本人是非常危险的，用你的时候对你很好，用不着你的时

① 本文录自四川教育出版社2005年版《陶行知全集》第4卷。本文系演讲记录，演讲时间为1939年3月12日，演讲地点在重庆陕西街泰邑小学，记录者为向瑞鑫。

候就将你杀掉，日本鬼子非常狡猾的，所谓割草除根，大家不要当汉奸，去上他的当哟！”

听众都一致说：“好孩子，说得对。”这时候里面有一个约十几岁的小汉奸，被感动得哭了起来，当着大众自己说自己从前是汉奸，怎样帮助日本鬼作恶，现在才知道这是不对的。这一群天真的宣传队小朋友们非常兴奋，就请这个小孩子向大家讲演，把这些民众都感动了，大家更努力帮助军队打日本。从前当汉奸的小孩并告诉我们军队，日本放军火的地方。中国的炮兵马上向那个方向发炮，把日本放军火的那个地方炸毁。这次，日寇就损失几百万元……各位小朋友，如果不是这群小战士，哪里会把汉奸感动，怎么又会将日本蓄放军火的地方告诉我们的军队呢？日寇哪能受到这样大的损失呢？

小朋友，你们都愿意做一个坚强的小战士吗？（孩子的怒吼声马上像春雷一般发出来：“我们愿意！”——记录者）

各位小朋友，好些大人叫大家是“未来的主人翁”，这是不对的。难道现在祖国已经到了最危险的时候，各位就不是主人吗？不，你们不单是未来的主人，现在也是国家的小主人。可是当主人的，就应当有责任。日本鬼子这样不讲理的欺侮我们，占我们的土地、屠杀同胞、奸淫妇女，眼看着秀美的河山快要给鬼子抢夺完了，你们当小主人的，大家都要负起责任来。小主人大家要照着总理遗嘱[①]上去“唤起民众及联合世界上以平等待我之民族共同奋斗”做去。

① 总理遗嘱，也称“国父遗嘱”，是中国同盟会（国民党前身）总理孙中山的遗嘱。其中有言：“余致力国民革命，凡四十年，其目的在求中国之自由平等。积四十年之经验，深知欲达到此目的，必须唤起民众及联合世界上以平等待我之民族共同奋斗。”

儿童保育问题[①]

自从前年三月三十日在汉口成立了战时儿童保育总会[②]，在蒋夫人[③]和冯夫人[④]领导之下，已经先后开办了四十八所儿童保育院，收容难童将近二万人。这个中国破天荒之儿童公育运动，是一个伟大的社会运动，也是一个伟大的教育运动。我应当在这里，向这一运动之贤明领导者蒋夫人和冯夫人致敬，向这一运动之目光远大之发起人安娥[⑤]先生致敬，向这一

---

① 本文录自1940年2月《战时教育》第五卷第七期。本文系陶行知在重庆保育院院长会议上的谈话。1939年10月20日，第一届保育院院长会议在重庆求精中学礼堂召开。会议主席李德全，到会的各地保育院院长共三十人。会期十天，第一阶段汇报工作，第二阶段讨论提案，第三阶段为名人演讲和形成决议。陶行知于是月底应邀发表了这次演讲。

② 战时儿童保育会，见《在汉口儿童保育院欢迎茶会上的讲话大要》注。

③ 蒋夫人，即蒋介石夫人宋美龄（1898—2003），广东文昌人。1927年12月，在上海同蒋介石结婚，后广泛参加社交、政治活动。1938年3月，被推举为战时儿童保育会理事长。

④ 冯夫人，即冯玉祥夫人李德全（1896—1972），蒙古族，北京通县人。1924年，与冯玉祥结婚。1928年，在北平创办求知学校，致力于教育、妇女和儿童保护工作。1937年3月，被推举为战时儿童保育会副理事长，实际主持该会工作。陶行知多年来与冯玉祥夫妇保持着深厚的友谊。1945年陶行知以《李德全先生五旬大庆》赋诗，歌颂她“领导妇女争民主，火把半归妇女拿”的杰出作用。

⑤ 安娥（1905—1976），女，原名张式沅，曾用名何平、张菊生，化名张瑛，河北获鹿人，中国著名剧作家、翻译家、社会活动家。1929年，在上海从事中共地下工作。与田汉结婚后，从事歌词创作。抗日战争爆发后，倾力筹组儿童保育会和儿童保育院。当时，其子田大畏便就读于陶行知所办理的育才学校。

运动之劳苦功高之实行者，全国保育院院长致敬。

在我参观几所保育院的时候，自然而然的发生三种感想。一种是保育院院长和工作人员的热忱和牺牲精神。在今天我们就可以看见证据：从前几位胖胖的院长现在是瘦了一些。一种是儿童的力量之大，超过了我们的估计。一个小孩忽然在重庆不见了；一个月后他在香港出现；再过一些时候又在重庆见面。这种情形谁也没有预料到。一种是问题之丰富令人烦恼，也令人高兴。可是，我们对于问题之来，是不应该因为它们麻烦而讨厌，倒要高高兴兴的去欢迎它们，研究它们，解决它们。

我遇见保育院的朋友，总是向他们要问题。所以我今天谈的问题，都是大家共同感觉到的问题。我所提出的解决的意见不一定对，还要请大家指教。

我遇到的第一个问题是战时儿童教育怎么办？这些小孩子怎样教？过战时生活才算是受战时教育。对于这个原则，儿童也不能有例外。我们应该教小孩们团起来做追求真理的小学生，团起来做手脑并用的小工人，团起来做即知即传的小先生，团起来做百折不回的小战士。

这“团起来”的意思，就是教小孩们过集体生活。集体生活是怎样过法？要说明集体生活应该怎样过，最好是把假集体生活提出来做反证。一群囚犯被狱卒押着做工作，这不是真的集体生活，因为狱卒的压力一去他们就会散了。他们是手在做工，心在逃走。心不在焉则不是真的集体生活。一群赌博鬼在赌场上赌博，这也不是真的集体生活。因为同床异梦，各有目的，各人想把别人荷包里的钱赢了来。把钱赚到手或输光了，便一个个的散伙。这里虽没有压力，但不是同心协力要完成一个工作。它是各有各的野心，要把别人的钱都赚来，以完成他个人的目的。真正的集体生活，要有共同的目的，而且对这共同的目的，要有共同的了解；不但是停止在共同的了解，而且对于共同的工作，要有共同的参加。没有共同的参加，连那共同的了解也是假的。所以从真正的集体生活中实施集体教育必定要有共同的目的、共同的认识、共同参加。而这共同目的、共同认识、共同参加，又不可以由单个的团体孤立的树立起来。否则，又会变成孤立的生活、孤立的教育，而不能充分发挥集体的精神。孟子说：“先立乎其大者，则其小者不能夺也。”[①] 我们中国现在最大的事是什么？团结整个的中华民族以打倒日本帝国主义，而创造一个自由、平等、幸福的中华民国。每个保育院的小集体，要成了这个大集体的单位，才不孤立，才有效力，才有意义。与这个大的集体配合起来，然后一个保育院内共同立法，共同遵守，共同实行，才不致成为乌托邦[②]的幻想。

虽然我们要教小孩过战时生活、受战时教育，但他们所需要的最低的生长条件，必需具备。否则，小小生命就难免枯萎，甚而至于夭折。所以，如何健全小孩们的基础生活，是一个迫切的问题。小孩们营养不够，保温不够，这是不可讳的事实。在这物价飞涨的时候，当然要增加经费。这一点听说总会[③]有酌量增加的准备。那是要向诸位道贺的。我对于这种苦处，尝过一点滋味。希望总会在通盘筹划当中，能多增加一点经费，使小孩们可以好好的长起来。我想除了增加经费之外，还有两件事要做：一是食物要根据已经有的营养研究的结果来配合。如果配合适当，则花一样的钱，而营养价值要高得多。比如把青菜和萝卜配合吃，远不如把青菜和黄豆配合着吃。青菜、黄豆、糙米饭，怕是最经济而合理的营养吧。其次，卫生的管理要周到彻底。平常人只顾到饭厅清洁就算了，以为饭厅里有纱罩就保险了。殊不知，厨房的清洁更重要，毛厕的清洁尤其重要。假使毛厕里一只蛆都没有，恐怕连饭厅上的纱罩也可以省掉了。

一般的说来，保育院里身体的营养固然不够，但精神的粮食尤感缺乏。这文化的饥荒，宜如何救治？我想一方面要有请总会拨款买书救治；一方面要有一个大规模的捐书运动。每个保育院要有一万本书不为多；总起来就须五十万册。少到不能再少也须十万册，平均每院二千册。我们知道不但小孩要精神粮食才能长进，而且教师们也要有精神粮食才能留得住。

---

① 语出《孟子·告子上》。

② 乌托邦，系拉丁语“Utopia”的音译，本意为“没有的地方”或者“好地方”。中文翻译也可以理解为，“乌”是没有，“托”是寄托，“邦”是国家；“乌托邦”三字合起来，即为“空想的国家”。

③ 总会，系指战时儿童保育会。它为战时儿童保育院的领导机关。

每个保育院有一千只手，但是缺少工具不能做工；缺少田地，不能种植。这是一个严重的问题。这些手如果有了充分的田地和工具，不但能增加一些后方的生产，而且小孩们可以得到自立的教育。中国有的是地，一定有法子解决。我想每个小孩一分地，总不能算太多；每个保育院至少要有五十亩地，才能把小孩们的劳动生活建立起来。

保育院的先生都说太忙，忙不过来。这也是一个要解决的问题。一个茶杯，中间有点空，可以倒茶。因此茶杯乃有了功用。庖丁解牛，运斧成风。倘使他的前后、左右、上下挤得满满的，则手儿动也不能动，又何能运斧成风呢？先生太忙便无暇温故知新，依孔子的话，便不可以为师了。解决的办法：一是使工作有计划；二是酌量加几位先生；三是从小朋友当中提拔出干部来，加以训练，使他们分任一部份工作。但是小朋友也是不可太忙啊！

一个有趣的小问题是我遇到的。因为有普遍性，还有几分钟，也提出来谈谈。吃饭的时候，可不可以讲话。我对于这个问题也曾研究了一些日子。结论是允许小孩在吃饭的时候讲话。第一，因为平常无论什么地方，吃饭的时候都讲话；第二，因为吃饭不讲话，则吃得太快，反难消化；第三，吃饭能讲话，则大家都高兴些。但是要训练他们轻轻的讲。有时可以举行特别训练，一句话也不讲。和尚吃很热的粥都没有丝毫声音，静得连绣花针落在地上也听得见响。我们也要有这样的修养。但这只是偶尔一试，如同练习消防一样，不可常常做，反而有碍小孩的活泼。

还有一个难以解决的问题，就是你们有些难管的小孩。这些难管的小孩，有时是被称为劣童或者被称为坏蛋。怎样解决呢？（一）难管的孩子，多半不是劣童，也不是真正的坏蛋。这一个态度要立定，否则你主观上咬定他是劣童，则一切措施都错，便愈管愈难管了。（二）仔细考察他所以难管的原因，在源头上予以解决。例如发明电灯的爱迪生是被先生以坏蛋的罪名不容于学校。但他的母亲知道他不是坏蛋，而是欢喜弄那先生不高兴的毒药而玩化学的把戏。（三）体力充足，无法发泄的，有时捣乱，可多给他一些机会劳动，或干体育游戏。（四）先生也得检讨自己的功课、教法是否合乎学生的需要程度。（五）即使是真正的坏蛋，我想开除出去，无人指导，更要变坏，倒不如运用团体制裁，以纠正其过失。而且团体若有办法，则有少数捣乱分子，可以培养团体中大多数人之抗毒素。（六）此外还有身心上有了缺陷的小孩，那是要医生及心理专家医治。（七）曾经受过特殊磨折而起了对人之反常态度，则先生及同学之同情、照顾，为不可少。

中国被难的小孩连抗战将士的小孩在内，最少也不下于二百万。我希望大家从保育院的窗户里，向外边再看一看。我们的工作似乎应该放大一百倍来干。可是也不必等待，院门口的无家可归的小孩不也是我们的责任吗？

保育总会要负起这重大的任务，必须把培养新干部列入整个的计划。为着扩大保育的范围，和对现任人员退职之补充都需要这样一种新干部之培养。再末，为着充实各保育院之精神食粮及有效的新技术，一个得力的研究部和编辑部之设立，也似乎是必要的。此外，还需要专家时常访问各院，作实地的辅导。有了新的干部，再加上研究部、编辑部和巡环的辅导，我想不但保育院的许多问题可以迎刃而解，而且对于中国儿童公育运动必定有层出无穷的有价值的贡献。①

---

① 文末有“（录自在保育院院长会议上的谈话）”。

谈生活教育[①]

——答复一位朋友的信

××吾友：

接读十二月十二日手书，知道我们在重庆相左，不能见面谈一谈，那是很可惜的一件事。承你对于生活教育和生活教育者提出一些意见，我们很感谢。你所勉励我们的话，多半是对的；我们是朝着你所指示的路向，不断的努力。但是你批评生活教育是有一些不正确。这不能怪你。因为如你所说，你不能把全部生活教育研究之后再提出意见。为着要答复你的好意，我想把我认为不正确的地方提出来和你谈谈。

第一，你说："生活教育者好像不懂得'真正生活教育的实现，只有在没有人剥削人的制度里存在'。"你仔细想过之后便知道这样的看法是机械的看法而不是发展的看法，是静态的看法而不是动态的看法，是等待的看法而不是追求的看法。你心里的理想的社会，不是从天上落下来的，而是人类依着历史发展的趋势努力创造出来的。真正的生活教育自古以来一直存在到今天即发展到今天，而且还要一直存在下去、发展下去，而达到最高的生活即最高的教育。为着最高的目的而忘了发展的过程，和为了发展的过程而忘了最高的目的，都是错误。

第二，你说："生活教育者企图不经过突变而欲达到质变。"我们没有这样的企图。除非你所遇到的，是没有常识的"生活教育者"。水热到摄

① 本文录自1940年1月《战时教育》第五卷第五期，后收入1943年4月《行知教育论文选集》。这位朋友，理当与陶行知熟识，编者现已难得其详。当时育才学校开办未久，该校的办理方针，显然与陶行知此前重视"下层建筑"的理念存在较大反差，因而引发了有些人的质疑。正因为这位朋友的观点较有代表性，所以陶行知以公开信的方式作答。

氏一百度突变而为水蒸气。我们不能幻想着水蒸气而忽视了砍柴、挑水、烧锅的工作。

第三，你说："生活教育者之努力……即使能完成任务，那也只限于一部分被……提拔的'天才者'，群众是没有份的。"这"天才者"大概是指我们所选之具有特殊才能之儿童[①]吧？他们是从难童中选来，不能说他们与民众无关。我们当然不应该为"天才"而办"天才"教育。但是，为着增加抗战建国的力量而培养特殊才能的幼苗，使他们不致枯萎、夭折，也是值得做的工作。我们当然不应该教他们做人上人。但是，为着社会进步，让他们依据各人的才能、志愿，学做一群人中人，而且把他们的贡献发挥出来，以为民众服务，也是值得干的工作。若只注重"天才"教育，而忽略一般教育，那是不可以；但是，生活教育者自始就发动普及教育运动，到近来，才感觉到具有特殊才能之儿童之被忽视，而开始唤起社会之注意。我们所希望的是："从民众那里来"的，"回到民众那里去"。

第四，你说："生活教育者没有把革命与教育联系起来。"这要看你心中的革命是一件什么事、你心中的联系是如何联系法。在我们看来，现在的民族解放斗争是革命的行动，我们以一个民众学术团体[②]，对于团结、抗战建国，是用了全副精神参加，不敢有丝毫之懈怠。至于你所说，一个教育者同时应该是一个革命者，我很同意。但我希望补充一句：一个真正革命者必然是一个真正生活教育者。即使他不承认他是一个生活教育者，按着生活教育的理论说来，他也是一个道地的生活教育者。

第五，你说你的很多朋友大都不知道生活教育是什么，并且说，生活

---

① 特殊才能之儿童，指当时育才学校通过智力测验方式，到各地战时儿童保育院所选拔的难童。

② 民众学术团体，指生活教育社。该社于1938年12月15日在广西桂林正式成立，选举陶行知为理事长，王洞若、操震球、刘季平等十三人为常务理事。该社以"探讨最合理最有效之新教育原理与方法，促进自觉性之启发，创造力之培养，教育之普及，及生活之提高"为宗旨。总社成立后，四川、浙江、江苏、上海等地先后成立了分社。新中国成立不久，该社停止活动。在胡晓风、吴瀚等的联络和推动下，20世纪90年代初，生活教育社在成都得以复办。

教育的受人忽视的主要原因，是因为缺少革命的联系。生活教育之被一部份人忽视，那的确是事实；但完全归咎于缺少革命的联系，从上面说明看来，也不见得完全对。我想，除我们自己力量有限外，生活教育之被人忽视，还有下述之原因：一，过生活而忽视教育的人，必然忽视生活教育。二，受教育或施教育而忽视生活的人，亦必然忽视生活教育。三，忽视民众生活而又忽视民众教育的人，固然不要生活教育，而高谈革命理论而无革命实践的象牙塔里的“革命家”，也无由知道生活教育之宝贵。

末了，你希望我们能够出版一部生活教育大纲。我们正在着手编这样一部的集体创作，现在为你参考起见，我想把生活教育的理论，提出几个要点和你谈谈。从定义上说，生活教育是给生活以教育，用生活来教育，为生活向前、向上的需要而教育。从生活与教育的关系上说，是生活决定教育。从效力上说，教育要通过生活，才能发出力量而成为真正的教育。“教学做合一”，是生活法亦即教育法。为要避去瞎做、瞎学、瞎教，所以提出“在劳力上劳心”，以期理论与实践之统一。“社会即学校”这一原则，要把教育从鸟笼里解放出来。“即知即传”这一原则，要把学问从私人的荷包里解放出来。“行是知之始，知是行之成”，是教人从源头上去追求真理。工学团或集体主义之自我教育，是在团体生活里争取自觉之进步。“教育是民族解放、大众解放、人类解放之武器”这种教育观，是把教育从游戏场、陈列室解放出来，输送到战场上去。时间不许我细说，总之，生活教育理论，是半殖民地、半封建的中国争取自由、平等的教育理论。我希望，你把研究之门大开起来。如果有机会，我想和你谈谈。千万不要因为一时之倒霉、少数人之不忠实，就误断一个运动的命运。

儿童教育的任务[①]

——致业勤

业勤先生：

来信复迟了，抱歉得很。

您任教五年，没有染上那些老于教书者的习气，并且对于《战时教育》感到兴趣，在理论与实施上企有所探讨，这一点使我非常高兴来回答您的问题。您所提出的一些原则，大体上是正确的，只是您对于小孩子的看法和估量，我认为是值得商量的。您说“小孩子根本不会有错误”，倘若您的意思只是企图导出一种结论，认为孩子们的错误，根本上是由于环境造成的，那倒没有什么不对。但是，倘若您要据此作为训导儿童的一个重要的指导原则，那就有问题了。儿童不但有错误，而且常常有着许多错误。由于儿童年龄上的限制，缺乏经验，因而本身便包含着错误的可能性，这是一；环境不良，养成了许多错误的习惯，从这些错误出发，必然再造错误，这是二。因此教育的任务除了积极发扬每个儿童固有的优点而外，正是要根据事实，肯定他们的错误，从而改正他们的错误。

您想到育才学校[②]作艺友[③]，我们应该是欢迎的，无奈学额有限，倘

---

① 本文录自四川教育出版社2005年版《陶行知全集》第8卷。本文系陶行知1940年7月7日写给业勤的信。今题系编者所拟。致函对象“业勤”，姓氏和生平均未详。就陶行知的复函推知，他已有了五年教龄，对生活教育理论颇感兴趣，并有意来育才学校充当艺友。

② 育才学校，1939年陶行知在重庆创办，主要招收抗战时期流亡重庆的难童，旨在“培养人才之幼苗”，“用生活教育之原理与方法，培养难童中之优秀儿童，使成为抗战建国之人才”。

③ 艺友，见《艺友制的教育》。

若以后情形变动时，我想您不是没有机会的。

此外，关于生活教育社，还有一点要奉告的，就是它欢迎教育工作者参加，但不是要他们离开原有的工作，入社和参加社自身所举办的事业中去工作，完全是两回事。特此奉复。

并祝

康健!

陶行知启

七月七日

设立中央儿童学园以倡导幼年社会教育案[①]

近来有十几位关心儿童幸福的朋友，举行了一个非正式的谈话会，希望我为小朋友在参政会里提一个建议案。首先是想建立一个儿童剧场，后来越谈越起劲，觉得我们应该为小朋友来它一个较大的建筑，包含：一剧场、二音乐馆、三美术馆、四科学实验馆、五历史地理博物馆、六工艺室、七图书室、八俱乐部、九体育场、十宿舍。这个建设一切都是要根据儿童的需要设计。名称拟了好几个，例如“儿童之家”“儿童之宫”“儿童世界”“儿童乐园”，各有优点与缺点。最后提出“儿童学园”的名称似乎更为恰切。因为“学”有长进之义，“园”有欣欣向荣之意，故暂用此名。但也不拘泥，倘有更好的名称，尤为欢迎。我们所注重的是中国需要有这样一个建设，以丰富儿童之学习与生活。

理由

（一）一般小学及初中之教育偏重书本，要有儿童学园来补其不足。

（二）一般之展览会为期甚短。最近举行之国防科学展览甚佳，但匆匆数日，参观者多走马看花，不能详细领略，若动手体验，机会更无。儿

---

① 本文录自四川教育出版社2005年版《陶行知全集》第4卷。原件存中国第二历史档案馆《国民参政会第二届第二次大会记录·提案目录》，编号80。本文系提案，提案时间为1941年11月17—26日。1938年7月，陶行知当选为第一届国民参政会参政员，提出或连署提案多件；1941年3月，连任第二届参政员，在二届二次会议上，提出了此提案。大会议决：“本案修正通过，送请政府从速筹办”，并增加“（三）各省市应参照此办法，逐渐设置儿童学园”。事实上，本案通过后并无下文。

童学园对于有系统之展览，可以长期举行，并设实验，俾儿童手脑并用，以资体验。

（三）失学儿童可在学园中自由探讨，仍能长进。

（四）儿童各有所好，学园多方设备，可依性之所近，展其所长。

（五）近来已有热心儿童幸福之团体创办“儿童之家”，但因经费有限，供不应求。故儿童学园应以中央政府之力为之倡导。

（六）重庆为战时首都，各省人士来往，络绎不绝，一经观摩，便可推广，以为全国儿童造福。

（七）爱护儿童之国，前途必是远大。陪都为中外观瞻所系，倘能搜集陈列儿童对于抗战所发挥的贡献，尤能使侨胞、友邦加强对中国之认识。

办法

（一）请政府组织中央儿童学园筹备委员会，聘请专家设计筹备。

（二）一部分应于三十一年四月四日儿童节前完成。

提案人　陶行知

连署人　陈希豪　程希孟　马宗荣　余家菊
常乃惪　梁实秋　许德珩　沈钧儒
王家桢　刘蘅静　陶　玄　黄炎培
江　庸　陶百川　冷　遹　金曾澄
江恒源　李永新　张其昀　陈裕光
李中襄　杭立武　吴贻芳　傅斯年
何联奎

人生最大的目的还是博爱[①]

——致陶宏

陶宏：

你给谢士柜[②]信里附来之《圣母歌》已交陈贻鑫[③]。昨晤胡然[④]先生，他说只有胡世珍[⑤]的声音能唱，大概这次音乐会可以列入这一项节目。

我们上月看了《安魂曲》，其实这可说是 Mozart[⑥] 之小史，甚为感动，便动员了全体教师、学生、工友自费来看。假使你能找着 Mozart 之 Life[⑦]，

① 本文录自安徽人民出版社 1981 年版《行知书信集》。正题与副题，均系该书编者所拟。本文系书信，写于 1943 年 2 月。原件存陶晓光处。1928 年后，陶宏肄业于晓庄学校。1931 年后，随父在上海开展“科学下嫁运动”。后入天津南开中学就读。毕业后，供职于中国科学社生物研究所。1939 年育才学校创设后，担任自然组主任。后供职于迁于峨眉的四川大学。在四川大学的这段时间，父子通信频繁。此即为其一。

② 谢士柜，亦名谢仕柜，女，孤儿，时为育才学校自然组学生。

③ 陈贻鑫（1926—2013），湖北武汉人。1938 年，入武汉临时儿童保育院。陶行知与音乐家任光同往参观时，发现其音乐才能。后招进育才学校，时在音乐组学习。

④ 胡然（1912—1971），字曼伦，笔名映芬，湖南益阳人。1930 年，入国立上海音乐专科学校学习声乐。后担任男高音独唱，受到社会各界的赞扬。当时任教于中央大学音乐系，受聘兼任育才学校音乐组声乐教员。

⑤ 胡世珍，女，时为育才学校戏剧组学生。

⑥ Mozart，即莫扎特（W. A. Mozart，1756—1791），奥地利作曲家，欧洲维也纳古典乐派的代表人物之一。《安魂曲》，即为其代表作之一。

⑦ Mozart 之 Life，即莫扎特生平。

请为《育才文库》写一册《莫扎特传》。伽利略①之剧本，可以参考此剧。可惜你在峨嵋，若在重庆，则多看进步之话剧，对于你写这剧本，必有帮助。

你的信集，我拟好了一书名，叫做《从峨嵋山到凤凰山②》。不知可中意否？

近来，我们深刻的了解，人生最大目的还是博爱，一切学术也都是要更有效的达到这个目的。一天谈及你，冯先生③说你曾为要帮助一位苦学生而节省吃鸡蛋的钱来完成这任务。这种行动是高贵的，所以冯先生至今还记得。以后，我们仍当向这个方向努力。

旧历新年，小黑④来，我想出来一个法子，教她写成一个难写的“黑”字。她居然能独立写成。我的法子是：先画一个脸孔“○”，再加上两个眼睛“”，再画一个鼻子“”，再画一张嘴“”，再画两只手“”，再画两只脚“”。这样她一会儿便学会了。现在把她自己写给你的信寄给你看，便知道，小孩子是要用各种各样的妙法来教她，她方高兴学，才学得成。

育才要跃进一个新的阶段——建立工程师的苗圃。大纲已拟成草案。现寄一份给你，请给我一些意见。

---

① 伽利略（G. Galilei，1564—1642），意大利物理学家、天文学家，近代实验科学的先驱者。他改进望远镜，并用来巡视天空，发现许多前所未知的天文现象，有力地支持了哥白尼的日心说。

② 峨嵋山，即今峨眉山，指陶宏所供职的四川大学所在地（原在成都，内迁至此）。凤凰山，指育才学校所在地古圣寺附近的山名。

③ 冯先生，即冯玉祥（1882—1948），原名基善，字焕章，原籍安徽巢县，寄籍河北保定。民国时期军阀、爱国将领，与陶行知私交甚笃，支持陶行知创办的生活教育事业。

④ 小黑，即陶行知孙女、陶宏之女陶鹤。当时，她与其母王醉霞住重庆管家巷28号“育才学校驻渝办事处”，并未随父亲前往峨眉。

陶刚①可以务农，来校不满一个月即开了五六块荒地。但他身体受了伤，这次病得厉害，送入武汉疗养院，业已脱险。

画展在三月二十、二十一举行，音乐会在三月二十八、二十九举行，话剧《小主人》② 在四月四日起演一个星期。育才紧缩预算，现在收支相抵。明年呢？要靠这三个会来渡过。祝你
进步！

行知

二月二十一日

---

① 陶刚（1919—1983），小名“三桃”，陶行知第三子、陶宏之弟。他此前刚由桂林来到陶行知身边，被安排在育才学校工作。由于在长途跋涉中历尽艰险，结果淋巴腺发炎，四肢脓肿溃烂，大病一场。他在育才学校和其后的上海知行中学前后工作了 37 年，树立了踏实工作、不计名利、“以行求知，知更行”的模式。

② 话剧《小主人》，系四幕儿童剧，编剧董林肯。该剧通过五个孩子的悲惨遭遇，揭露了社会的黑暗，表现了挽救未来小主人的主题。

清水沙盘①

——献给全国的小朋友

一月初在教育部会见顾荫亭先生，谈及中国幼稚园缺乏恩物，他希望能就地取材，用本国的东西，造成一套幼稚园里可以用的设备。教育部注意到幼儿的教育是一个可喜的消息。在这样重视之下，幼稚教育一定是会得到新的贡献。我当时就联想到一年半前的一个小小的发现，现在写出，供给幼稚园和小学的教师做参考。如果小朋友因此而生活得快乐些，学习能够丰富些，我就很高兴了。

这个小发现的经过，说来也有趣。前年我到北碚住下，要做一个滤水缸。在江边弄来的沙是含有很多泥土。我们叫工友把泥土洗掉，他洗了三十几盆水之后，叫我来看，还是带着微红的颜色，没有洗干净，我就自己动手来洗。起初不过是想把沙洗干净，后来越洗越觉得有趣起来。水和沙在手上溜来溜去，给了我一种快感。我记起幼时玩沙没有这样好玩，玩水也没有这样好玩。我又记起平常幼稚园中的沙盘——只是一个小沙漠，虽然可以点缀些树木、房屋、人物，但除了沙漠生活之外，很难做到逼真的表现。这时在我脑海里浮出了“清水沙盘”四个大字。

根据这个概念的指示，我从“洗沙”跳到“地形之创造”。我能随意的造山、造河、造湖、造海、造平原、造海岛。我连沙带水造成一个山顶湖，在湖边开口，竟造成一个临时的瀑布。照着地图，我很快的在“清水

① 本文录自1941年1月《战时教育》第六卷第三期，亦见《活教育》第一卷第五期。本文向全国的小朋友介绍新的“恩物”——清水沙盘，指出它“不但是一个好玩的东西，而且是一个非常有意义的东西。它不但是一个玩具而且是一个千变万化的学习工具”。

沙盘"里造成一个中国的轮廓，画了扬子江、黄河、珠江、淮水、沽河、黑龙江六大江河，以及渤海、黄海、东海、南海之海岸。我顺手又在中国东边造成我们惟一敌人的大本营——日本之轮廓。朝鲜和四十六年前割给日本的台湾都先后造了起来。这时我很高兴，觉得"清水沙盘"不但是一个好玩的东西，而且是一个非常有意义的东西。它不但是一个玩具而且是一个千变万化的学习工具。

水与沙之外再加一点竹片、木屑、破纸、碎石，你可以把人类创造的文化在"清水沙盘"里一一表现出来。在河流的两岸搁上一条木片便成了一座桥。做得精巧一点，你可以把芦沟桥表现出来。在湖里海边砌上几块碎石便成了堤和码头。弄点油纸或蜡纸，折几只船，在水面上游来游去，可以代表商轮兵舰。我们可以做个游戏，把长江一带的日本军舰炸沉到江底。

同样，我们可以用"清水沙盘"来表现英德海峡炮战。你可以造一个大伦敦、法国之卡勒和英吉利之多佛海峡。我们还可以造南北美洲、大西洋、太平洋和巴拿马运河，在运河上做水闸，使大西洋和太平洋的商轮军舰可以通过水闸而进出。这样可以使小朋友们更具体的知道巴拿马运河的作用。

造两个小舰队。每只船上放一枚针。用两块磁石指挥作战。一队从巴拿马运河里用磁石引出来和另一队在太平洋里作遭遇战。

从美国经过檀香山、关岛、斐利滨而到香港之航空站也可以由"清水沙盘"而表现出来。

进一步，我们可以运用"清水沙盘"使小朋友得到高一点的科学知识。山顶湖可以造成临时的小瀑布，前面已经说到。现在在瀑布泻下必经之路旁建立两根支柱，用大号针或竹针作轴，串一轻轮搁在支柱上，当小瀑布一泻而下之时则轻轮转动，可使小朋友了解水力推动的意义，进而了解水力磨粉、水力碾米、水力发电。

古人有沧海桑田之说，正合地质学的道理。这现象可以很正确的由"清水沙盘"表现出来。当你把沙压到水底则山变为田、变为海，将沙从水里压出来则海变为田、变为山。倘使你把蚌壳藏在水里的沙中，当沙被压迫上来的时候，则蚌壳上山了。别的，如同河口之三角洲之形成、黄河改道之灾难都可以具体而微的表现出来，给小朋友一个正确认识的清水沙盘和干沙盘比较起来有好几个优点：

（一）小孩喜欢玩水。沙盘里有水更能使小孩高兴玩。不过水要清，沙要洗得纯净，没有一点泥土，使小孩玩时，不致把手和衣服弄脏。

（二）干沙盘是静止的、少变化的，清水沙盘是流动的、多变化的，更适合于小孩的性情，更能刺激小孩的多方面的活动。

（三）干沙盘恐怕只能用于幼稚园。清水沙盘不但幼稚园的小朋友喜欢玩，而是小学生也喜欢玩，就是大到我们这样年纪也还喜欢玩。清水沙盘的功用随小孩年纪而转移。为幼稚园的小孩它是玩具的成分多，但同时对于寻常地形及环境之变化，也可帮助他们认识。为低年级以上的学生，它是学习工具的成分多，但也不失掉好玩的意义。

（四）清水沙盘是活地图的原料。它在今日缺乏地图的前方后方之学校中插上地名的小旗，可以代替地图，代替地图练习。它是立体的，所以在某种功用上说起来是更好的地图。

创造的儿童教育[①]

创造的儿童教育，不是说教育可以创造儿童。儿童的创造力是千千万万祖先至少经过五十万年与环境适应、斗争所获得，而传下来之才能之精华。发挥或阻碍、加强或削弱、培养或摧残这创造力的是环境。教育是要在儿童自身的基础上，过滤并运用环境的影响，以培养、加强、发挥这创造力，使他长得更有力量，以贡献于民族与人类。教育不能创造什么，但他能启发、解放儿童创造力以从事于创造之工作。

我们晓得特别是中国小孩，是在苦海中成长。我们应该把儿童苦海创造成一个儿童乐园。这个乐园不是由成人创造出来交给小孩子，也不是要小孩子自己单身匹马去创造。我们右〔造〕一个乐园交给小孩子，也许不久就会变为苦海；单由小孩子自己去创造，也许就创造出一个苦海。所以应该成人加入小孩子的队伍里去，陪着小孩子一起创造。

一、把我们摆在儿童队伍里，成为小孩子当中的一员。我们加入到儿童队伍里去成为一员，不是敷衍的，不是假冒的，而是要真诚的，在情感方面和小孩子站在一条战线上。我曾经写过一首小诗，描写过我们在小孩队中应有和不应有的态度：

---

① 本文录自1945年4月《战时教育》第九卷第一期。本文系演讲词，演讲时间为1944年9月20日下午。是日，陶行知应邀赴“儿童福利工作人员会议”发表演讲。他为此进行了专门准备，认真写成发言稿。本文首次提出了儿童的“五大解放”，即解放儿童的头脑、双手、嘴、空间和时间，初步形成了他创造的儿童教育观。其后，陶行知在《实施民主教育的提纲》一文中，将此补充为“六大解放”，即在“五大解放”之前增加了一项“解放眼睛——不要带上封建的有色眼镜，使眼睛能看事实”。这六大解放，被陶行知视为培养儿童创造力的前提。

儿童园内无老翁，
老翁个个变儿童。
变儿童，
莫学孙悟空！
他在狮驮洞，
也曾变过小钻风。
小钻风，
脸儿模样般般像，
拖着一条尾巴两股红。

我们要加入儿童队伍里，第一步要做到不失其赤子之心，做成小孩子队伍里的一分子。

二、认识小孩子有力量。我们加入儿童生活中，便发现小孩子有力量；不但有力量，而且有创造力。我们要钻进小孩子队伍里才能有这个新认识与新发现。

从前当晓庄学校[①]停办的时候，晓庄的教师和师范生不能回晓庄小学任职，私塾先生又被小孩拒绝，农人不好勉强聘请。不得已，小孩自己组织起来，推举同学做校长、当教员，自己教、自己学、自己办，并自称为自动学校[②]。这是中国破天荒的小创造。我听见了这个消息以后，就写了一首诗去恭贺他们：

有个学校真奇怪：
大孩自动教小孩。
七十二行皆先生，
先生不在学如在。

写好之后，交给几位大学生，请他们指教。他们说尽善尽美，于是用快信寄去。

---

① 晓庄学校，其前身为晓庄师范。1928 年 8 月，因国民政府不允许私家或社团办理师范教育，又因晓庄的事业扩大，正酝酿改制，故更名为“晓庄学校”。

② 自动学校，见《创造的教育》注。

第三天他们回一封信，向我道谢之外，说这首诗有一个字要改：大孩教小孩，难道小孩不能教大孩吗？大孩能够自动，难道小孩不能自动吗？而且大孩教小孩有什么奇怪呀？这一串炸弹把个□学炸得粉碎。我马上把他改为“小孩自动教小孩”。这样一来，是更好了。黄泥腿的农村小孩改留学生的诗，又是破天荒的证明：证明小孩有创造力。

又有一次，我到南通州①去推广“小先生”，写了一篇一分钟演讲词。内中有一段：“读了书，不教人，什么人？不是人。”我讲过后有一个小孩子马上来说：陶先生，你的演讲，最好把“不是人”改为“木头人”。“木头人”比“不是人”是更好了。因为“不是人”三个字不具体，桌子不是人，椅子也不是人；而“木头人”是给了我们一个具体的印象。这也证明小孩子有创造力。我们要真正承认小孩子有创造力，才可以不被成见所蒙蔽。小孩子多少都有其创造的能力。

三、解放儿童的创造力。我们发现了儿童有创造力，认识了儿童有创造力，就须进一步把儿童的创造力解放出来。

（一）解放小孩子的头脑。儿童的创造力，被固有的迷信、成见、曲解、幻想层层裹头布包缠了起来。我们要发展儿童的创造力，先要把儿童的头脑，从迷信、成见、曲解、幻想中解放出来。迷信要不得，成见要不得，曲解要不得，幻想更要不得。幻想是反对现实的。这种种要不得的包头布，要把他一块一块撕下来，如同中国女子勇敢的撕下了裹脚布一样。

自从有了裹脚布，从前中国妇女是被人今天裹、明天裹，今年裹、明年裹，骨髓裹断、肉裹烂，裹成一双三寸金莲。

自从有了裹头布，中国的儿童、青年、成人，也是被人今天裹、明天裹，今年裹、明年裹，似乎非把个个人都裹成一个“三寸金头”不可。如果中华民族不想以“三寸金头”出现于国际舞台唱三花脸②，就要把裹头

---

① 南通州，系江苏省通州，是运河南部终点，史称“南通州”。现今属江苏省南通市。

② 三花脸，京剧丑角的扮相。京剧勾整脸的扮相称“大花脸”，勾半截脸的扮相称“二花脸”或“元宝脸”。三花脸的扮相，只限于面部中心，可绘各色脸纹或简单图案，又称“小花脸”。

布一齐解开，使中华民族的创造力可以突围而出。三民主义开宗明义就说：大凡人类对于一件事，研究其中的道理，首先发生思想；思想贯通，以后才生信仰；有了信仰，才生力量。思想贯通，便等于头脑解放。惟独从头脑里解放出来的创造力，才能打退日本鬼，建立新中国。

（二）解放小孩子的双手。人类自从腰骨竖起，前脚变成一双可以自由活动的手，进步便一天千里，超越一切动物。自从这个划时代的解放以后，人类乃能创造工具、武器、文字，并用以从事于更高之创造。假使人类把双手束缚起来，就不能执行头脑的命令。我们要在头脑指挥之下用手使用机器制造，使用武器打仗，使用仪器从事发明。中国对于小孩子一直是不许动手，动手要打手心，往往因此摧残了儿童的创造力。一个朋友的太太，因为小孩子把她的一个新买来的金表拆坏了，在大怒之下，把小孩子结结实实打了一顿。后来她到我家里来说："今天我做了一件极痛快的事，我的小孩子把表拆坏了，我给了他一顿打。"我对她说恐怕中国的爱迪生被你枪毙掉了。我和她仔细一谈，她方恍然大悟。她的小孩子这种行动原是有出息的可能，就向我请教补救的办法。我说："你可以把孩子和金表一块送到钟表铺，请钟表司务修理。他要多少钱，你就给多少钱；但附带的条件是要你的小孩子在旁边看他如何修理。这样修表铺成了学堂，修表匠成了先生，令郎成了速成学生，修理费成了学费，你的孩子好奇心就可得到满足，或者他还可以学会修理咧。"小孩子的双手是要这样解放出来。中国在这方面最为落后，直到现在才开始讨论解放双手。在爱迪生时代，美国学校的先生也是非常的顽固。因为爱迪生喜欢玩化学药品，不到三个月就把他开除！幸而他有一位贤明的母亲，了解他，把家里的地下室让给他做实验。爱迪生得到了母亲的了解，才一步步的把自己造成"发明之王"。那时美国小学的先生不免也阻碍学生的创造力的发展。我们希望保育员或先生跟爱迪生的母亲学，让小孩子有动手的机会。

（三）解放小孩子的嘴。小孩子有问题要准许他们问。从问题的解答里，可以增进他们的知识。孔子入太庙每事问。我从前写过一首诗，是发挥这个道理：

发明千千万，起点是一问。

禽兽不如人，过在不会问。
智者问得巧，愚者问得笨。
人力胜天工，只在每事问。

但中国一般习惯是不许多说话。小孩子得到言论自由，特别是问的自由，才能充分发挥他的创造力。

（四）解放小孩子的空间。从前的学校完全是一只鸟笼。改良的学校是放大的鸟笼。要把小孩子从鸟笼中解放出来，放大的鸟笼比鸟笼大些，有一棵树，有假山，有猴子陪着玩，但仍然是个放大的模范鸟笼，不是鸟的家乡，不是鸟的世界。鸟的世界是森林，是海阔天空。现在鸟笼式的学校，培养小孩用的，是干咸菜的教科书。我们小孩子的精神营养非常贫乏，这还不如填鸭。填鸭用的还是滋养料让鸭儿长得肥胖的。我们要解放小孩子的空间，让他们去接触大自然中的花草、树木、青山、绿水、日月、星辰，以及大社会中之士、农、工、商，三教九流，自由的对宇宙发问，与万物为友，并且向中外古今三百六十行学习。创造需要广博的基础。解放了空间，才能搜集丰富的资料，扩大认识的眼界，以发挥其内在之创造力。

（五）解放儿童的时间。现在一般学校把儿童的时间排得太紧。一个茶杯要有空位方可盛水。现在中学校有月考、学期考、毕业考、会考、升学考，一连考几个学校，有的只好在鬼门关去看榜。连小学的儿童都是受着双重夹攻，日间由先生督课，晚上由家长督课。为的都是准备赶考，拼命赶考，还有多少时间去接受大自然和大社会的宝贵知识呢？赶考和赶路一样。赶路的人，把路旁风景赶掉了，把一路应该做的有意义的事赶掉了。除非请医生，救人，路是不宜赶的。考试没有这样的重要，更不宜赶。赶考首先赶走了脸上的血色，赶走了健康，赶走了对父母的关怀，赶走了对民族、人类的责任，甚至于连抗战之本身责任都赶走了。最要不得的，还是赶考把时间赶跑了。我个人反对过分的考试制度的存在。一般学校，把儿童全部时间占据，使儿童失去学习人生的机会，养成无意创造的倾向。到成人时，即有时间，也不知道怎样下手去发挥他的创造力了。创造的儿童教育，首先要为儿童争取时间之解放。

四、培养创造力。把小孩子的头脑、双手、嘴、空间、时间都解放出来，我们就要对小孩子的创造力予以适当之培养。

（一）需要充分的营养。小孩的体力与心理，都需要适当的营养。有了适当的营养，才能发生高度的创造力，否则创造力就会被削弱甚而至于夭折。

（二）需要建立下层的良好习惯，以解放上层的性能，俾能从事于高级的思虑追求，否则必定要困于日用破碎，而不能向上飞跃。

（三）需要因才施教。松树和牡丹花所需要的肥料不同。你用松树的肥料培养牡丹，牡丹会瘦死；反之，你用牡丹的肥料培养松树，松树受不了，会被烧死。培养儿童的创造力要同园丁一样，首先要认识他们，发现他们的特点，而施以适宜之肥料、水分、太阳光，并须除害虫。这样，他们才能欣欣向荣，否则不能免于枯萎。

最后，我要提醒大家注意，创造力最能发挥的条件是民主。当然在不民主的环境下创造力也有表现，那仅是限于少数，而不能充分发挥的天才。但如果要大量开发创造力，大量开发“人矿”中之创造力，只有民主才能办到。只有民主的目的、民主的方法，才能完成这样的大事。美国杜威先生（不是候选总统之杜威，而是哲学家、教育家之杜威）最近给我信说：“现在世界是联系得这样密切，如果民主的目的与方法不能在全世界每一个角落都普遍的树立起来，我怕它们在美国也难持久繁荣。”民主应用在教育上有三个最要点：

（一）教育机会均等。即是教育为公、文化为公。我们要求贫富的机会均等，男女的机会均等，老幼的机会均等，各民族各阶层的机会均等。

（二）宽容和了解。教育者要像爱迪生母亲那样宽容爱迪生，在爱迪生被开除回家的时候，把地下室让给他去做实验。我们要像利波老板宽容法拉第[①]。法拉第在利波的铺子里作徒弟，订书订得最慢。但是利波了解

① 法拉第，即迈克尔·法拉第（Michael Faraday，1791—1867），英国物理学家、化学家。他仅上过小学，13岁时便在一家印刷厂当学徒，得老板利波所提供的便利，自学成才，成为发电机和电动机的发明者。

他是一面订书一面读书，终于让法拉第在电学上造成辉煌的功绩。

（三）在民主生活中学民主。专制生活中，可以培养奴才和奴隶，但不能培养人民做主人。民主生活并非乱杂得没有纪律。民主要有自觉的纪律。人民只可以在民主的自觉纪律中学习做主人翁。在民主动员号召之下每一个人之创造力都得到机会出头；而且每一个人的创造力都能充分解放出来。只有民主才能解放最大多数人的创造力，并且使最大多数人之创造力发挥到最高峰。

育才学校增收 100 名难童的计划及预算[①]

——致甘霖林

亲爱的甘霖林博士：

10 月 17 日手示敬悉，十分高兴。上次晤谈时，您表示担心我们可能变成“中国的达特默思”[②] 一事，使我内心固有的、由于物价不断上涨而暂受压抑的对难童的炽热感情之火烧得更旺了。三日来我因感冒卧病在床，得以足够的闲暇作一番创造性的思考。由此作出了一个新的决定：育才学校将永远服务于贫苦儿童、不幸儿童、无人关心的儿童、无父无母的儿童、特别是当前的难童。

随函附奉一项计划的预算，此项计划看似新的，实则久经酝酿而未能实施耳。该项计划旨在额外招收 100 名具有天赋的难童，特别是来自战争正在进行的各战区的难童。预算包括人均 15,000 元的固定经费，拨款后可维持数年；还包括人均 2,500 元的日常费用。第一年的经费总额为国币4,500,000 元。总额中除用以购置蚊帐之费用外，数额为国币 1,300,000 元之固定经费在新生入校前几乎全部必须备齐；日常费用 250,000 元则可按月拨付。

此外，日常费用还应增加 10%，以防中途发生财政危机。

---

① 本文原系英文书信，载四川教育出版社 2005 年版《陶行知全集》第 6 卷；译文亦录自该书。致函对象甘霖林（Kenning Sweet）为美国人，时任美国援华联合会（United China Relief）驻重庆办事处负责人。该会发起成立于 1941 年 2 月，由美国的十余个援华团体合组，分医药、灾民救助、教育、儿童福利四方面，进行对口救助，会长为赛珍珠。陶行知的致函目的，便是为难童申领救助。

② 中国的达特默思，系相对于“美国的达特默思”而言。达特默思学校创设于 1754 年，专门招收贫困印第安青年入学；1769 年升格学院后，便逐渐改变初衷，旨在办成文理科综合大学，从而忽视了弱势群体的教育。甘霖林担心，育才学校也会有类似的改变，故以“中国的达特默思”暗喻。

湘、桂前线[①]的战事迫使数十万难童不断涌来，拯救难童之工作刻不容缓。为拯救儿童而奋斗亦即为拯救中国之未来。对获得拯救的儿童施以正当的教育无异于给我们的后代注射一剂精神上、智力上的“盘尼西林”[②]，他们将会有助于使中国在一个更好的、由各民主国家组成的世界中作出有益的贡献。

计划业已制定。如有足够经费，我校能够招收1,000名；如只筹措到少量经费，亦可少收，比如说一百名或十几名。前天，即18日，周宗琼[③]先生许诺资助两名儿童。今晨贺市长[④]已给我们特别许可，让我们在“抗建堂”演出戴爱莲[⑤]教授的舞蹈和我们自己的音乐以筹措经费，时间定于11月3日至7日下午8时。如满座，义演所得足以资助18名。我校校舍及工作人员尚有多余，足以照顾这20名新生，开支可少于我此次所呈交之预算。恳切希望贵会给予我们财政支援，使我们至少能够再多招收100名儿童。祝愿早日实现我们的共同理想。

您的忠实朋友、育才学校校长陶行知

1944年10月21日

---

① 湘、桂前线，指1944年5月豫湘桂战役开始后的前线。当时，日军连克长沙、衡阳、桂林、柳州、独山、南宁等地，国民党军队节节败退，难民由是骤增。

② 盘尼西林，英文Penicillin音译。又译作配尼西林，为特效药青霉素的旧称。

③ 周宗琼（1910—1996），女，重庆江津人。1933年毕业于北平女子第一高中，旋回故里担任小学教师、校长。1936年，与实业家任宗德结婚，后热心慈善事业。1944年结识陶行知，成为“育才之友”，为育才筹集资金，支持办《民主周刊》，保证其四分之三的经费；捐赠一千万元，办大孚出版社，任董事长，沙千里任经理，陶行知任总编辑。新中国成立后，在水利部工作，曾任全国政协委员。

④ 贺市长，即时任重庆市市长贺耀祖（1889—1961），湖南宁乡人。早年入日本早稻田大学学习，毕业于日本陆军士官学校。1916年归国，历任湘军团长、旅长、师长。1926年，易帜为国民革命军独立第二师师长，参加北伐，成为北伐名将。时任重庆市市长兼重庆防空司令，与夫人倪斐君一起，对陶行知的事业多有赞助。

⑤ 戴爱莲（1916—2006），女，祖籍广东新会，印尼华侨。1930年，赴英国伦敦学习舞蹈。1940年归国，创作了舞蹈《游击队的故事》《卖》《空袭》《东江》和《思乡曲》等。后受聘担任育才学校舞蹈组主任，负责培训舞蹈人才。

敲碎儿童的地狱　创造儿童的乐园①

儿童是应该快乐的，而现在中国的儿童是非常痛苦。固然有许多人才是从痛苦中长大起来，但是成人的责任是应该把社会改造得好一点，使未成熟的儿童少吃点苦，多享点福。我们应该负起责任来，敲碎儿童的地狱，建立儿童的天堂。不够，我们应该引导儿童把地狱敲碎，让他们自己创造出天堂来。

要怎么样除苦造福？

第一，我们应该承认儿童的人权。儿童的人权从怀胎的时候开始。打胎虽有法律禁止，但是社会上还是流行着。为着恐怕私生子为人轻视，便从源头上取消了他的生存权。也有因为贫穷不能教养而出此残忍手段，使已得生命之胎儿不能见天日。我们只须读一读孔子、耶稣的故事，便知道剥削〔夺〕儿童生存权是何等的罪恶。每逢饥荒便听得见“易子而食”。这虽然说是被迫得无法才出此下策，但也是把小孩的生命当作次一等所致。我们要解除儿童痛苦、增进儿童福利，首先要尊重儿童的人权。

第二，我们应该了解儿童的能力、需要。儿童有许多痛苦是由于父兄

① 本文录自1944年12月16日《时事新报》。本文系演讲词，演讲时间为1944年12月15日下午。本文专为纪念中国儿童福利协会的成立而作。当日下午1时，中国儿童福利协会在重庆举行成立大会，陶行知应邀出席，并作为大会主席之一。来宾发言后，陶行知随即发表了专题演讲。陶行知认为，要创造儿童的乐园，首要的便是“尊重儿童的人权”，其中也包括对儿童创造欲的保护与培育。其下所分列的十项建议，则提供了在当时条件下的可操作性措施，以作为儿童福利工作者的现实指导。

师长之不了解。不了解，则有力无处用，有苦无处说。我们要知道儿童的能力、需要，必须走进小孩的队伍里去体验而后才能为小孩除苦造福。我们必须重生为小孩，不失其赤子之心，才能为儿童谋福利。

第三，承认了儿童的人权并了解了儿童的能力、需要，才有可能谈儿童福利，否则难免隔靴搔痒、劳而无功。我们在尊重儿童人权及了解儿童能力和需要两条原则下，来提出几件具体的建议。

提出十点具体建议

（一）解除儿童的恐怖。中国的儿童在心理上是处在一个恐怖的世界里。老婆婆、老妈子一到夜晚没有事便讲鬼说怪，小孩们连在梦里都要骇醒。我们应该使小孩与这些鬼怪故事隔绝，以保持其精神之安宁。

（二）打破重男轻女之风尚。这重男轻女的风尚连在文化界还是难免。男的受过分栽培，女的受偏枯的待遇。表面虽然似乎是一乐一苦，但在长大的过程中，两者都难免受伤。

（三）提倡儿童卫生。儿童卫生是民族健康之基础。这基础必须用“水泥钢骨”打得稳固，但是平常做父母的多不注意。儿童卫生有一百件具体的事要做，我只举一件，把食物嚼碎给儿童吃，是害了许多儿童，使家庭的肺病一代代的传下去。革除这一坏习惯，是使许多儿童得到终身的幸福。至于营养要充足、环境要卫生，那是不消说了。

（四）拯救文化饥荒。成千成万的孩子对于学校是不得其门而入。那些已经进学校的是在吃干腌菜的课文。我们一方面要求教育之普及，一方面还要改造学校教育，使教育与生活密切的联系起来，使每个人都能享受文化的精华。并且要革除体罚，改良赶考，注重启发，使小孩接受教育的时候，有求学之乐趣而无不必要之恐怖与烦恼。

（五）培养人才幼苗。人才的幼苗当从小培养。如果家庭里、学校里、铺子里的孩子，在小的时候，已被发现有特殊的才干，那么立刻就应该给他以适当之肥料、水分、阳光，使他欣欣向荣。十二岁的爱迪生，因为醉心于科学把戏，三个月便被冬烘先生[①]开除了，那对于爱迪生的小心灵是多么大的打击。爱迪生的母亲却了解他，给他在地下室做实验，那对于爱迪生，又是多么大的幸福啊！

（六）提倡儿童娱乐。现在流行的戏剧电影，有好些是给了儿童不好的影响。许多父母因为影响不好，便因噎废食，绝对不许子女看书看电影。假使我们有好的儿童剧、儿童电影，可以寓教育于娱乐，那儿童又是多么的高兴啊！

（七）开展托儿所运动。女工、农妇及职业妇女要顾到工作，便顾不得小孩；顾到小孩，便顾不到工作。其实她们是必得双方兼顾。不顾工作便没有饭吃；小孩是自己的亲血肉，那能不顾？于是他们为着两样都舍不下的工作和小孩，是一面牺牲了自己，又一面使小孩吃了许多苦。唯一的办法，是多设工厂托儿所、农村托儿所和一般的托儿所。

（八）建立儿童工学团[②]。流浪儿、低能儿、聋盲儿、社会问题儿童等特殊儿童，一概用工学团方式培养，不冠以“流浪儿教养院”或“低能儿训练所”一类违反心理之名称。每种小孩依其性之所近，并依“工以养生、学以明生、团以保生”之原则，把他们培养成自助、长进、有用之人。

（九）培养合理之教师、父母。儿童痛苦之完全消灭及儿童福利之完全实现，是有待于天下为公。在这过渡时代与儿童幸福、痛苦息息相关的，是父母与教师（包括艺徒之师傅）。我们要培养新父母和新教师，以培养更有福的后一代。旧父母和旧教师凭主观以责儿童之服从；新父母和新教师客观的根据他们的需要、能力，以宣导他们的欲望，而启发他们的自觉的活动。新父母与新教师，要跟儿童学，教儿童启示自己如何把儿童教得更合理。这种对儿童有了解、有办法的新父母、新教师不是从天上落下来。我们需要新的普通学校、新的师范学校和新的父母学校，来培养后

---

① 冬烘先生，原指迂腐、糊涂的蒙学先生，在此实指昏庸、浅陋的学校老师。

② 工学团，系陶行知所创立的一种崭新的生活教育组织形式。它是一个“工以养生、学以明生、团以保生”的小工场、小学校、小社会，是一个富有生活力的新细胞，包含着生产的意义，长进的意义，平等互助、自卫卫人的意义，教大众自己干、教小孩自己干的意义。

一代之新教师与新父母。这是过渡时代之儿童福利之泉源。

（十）抢救战区儿童。抢救难童在武汉失守前后达到了最高峰。许多英勇青年，投身抢救工作及保育事业。当我回国之初，到处所见的，几乎尽是救苦救难的观音大士。以后，随着团结之松懈、民主之退隐，战区难童就好像没有人管了。自湘桂战[①]起，全国儿童福利工作人员开代表大会于陪都，提出紧急动议，组织急救战区儿童联合委员会[②]，加紧抢救工作。这是值得庆幸的好消息。当千千万万难童伸出手来等待援助的时候，在陪都是举行着中国儿童福利协会之成立大会。我希望以后协会的任务，是抢救、抢教双管齐下，才对得起后一代之期望与整个民族之付托。我曾经听过两种被救的难童的经验谈：一种是官僚化的抢救。领队者刚愎自用，剥削难童，先难童之乐而乐，后难童之忧而忧，弄成乌合之众，害得许多小孩死于饿、死于冻、死于病、死于非命！一种是民主式的抢救。领队者虚心听取民意，与难童共休戚、共甘苦，有组织、有计划、有纪律，分工合作，一路学习玩耍奋斗而来，使得大家有远征之乐，没有逃难之苦。为难童服务的人们，是应当革除官僚的习气而采取民主的精神。

两种心理有害儿童

我们对于儿童有两种极端的心理，都于儿童有害：一是忽视，二是期望太切。忽视则任其像茅草样自生自灭；期望太切难免揠苗助长，反而促其夭折。所以合理的教导，是解除儿童痛苦、增进儿童幸福之正确路线。我们必须沿这路线进行才能使儿童脱离苦海，进入乐园。

---

① 湘桂战，指1944年5月豫湘桂战役。

② 急救战区儿童联合委员会，豫湘桂战役后所组织的救助难童的社会团体。由国民政府社会部社会福利司牵头发起成立，该会主任由社会部部长谷正纲兼任。及至抗战胜利，该会抢救难童达六万名以上，工作遍及川、湘、黔、陕、粤、桂、浙、赣、渝等省市。

吁请帮助建立国际难童学校[①]

——致甘霖林

亲爱的甘霖林博士：

关于贺夫人[②]同您的晤谈，金先生（Mr. King）已向我报告。我只想就有关南岸[③]难童的母爱和公共机构的收容救济发表自己的意见。

一、南岸的难民家庭已经到了几乎无法生存的境地，成人及儿童都在遭受苦难。如果儿童得到好的照顾，则母亲和儿童均将得到宽慰。

二、母爱不可能是治疗一切反社会态度的灵丹妙药。当母子均因缺乏生存手段而挨饿受冻的时候，两者都可能采取与社会对抗的态度，但这种态度可因给予的实际援助和同情的程度而得到相应的缓解。

三、这种援助究应直接给予家庭或通过某种机构提供的问题，只能依靠仔细的比较和调查来回答，而不应当用一个一般原则来处理。如果那个

---

① 本文原系英文书信，载四川教育出版社 2005 年版《陶行知全集》第 6 卷；译文亦录自该书。致函对象甘霖林，见《育才学校增收 100 名难童的计划及预算》注。1945 年初，由于欧洲战事业已结束，故美国援华联合会加大了对华援助。陶行知闻讯后，多方奔走，试图利用外援在重庆南岸专设一所国际难童学校（园），收容贫苦而缺乏教养的普通儿童，以成为育才学校的姊妹校。此函在论述创设这所学校的必要性时，专门比较了学校教养与家庭教养的优劣，并认定前者"远胜于"后者。或许正是这种陈述打动了决策者，经半年筹备后，同年 9 月 9 日，该校正式开学。

② 贺夫人，即时任重庆市市长贺耀祖的夫人倪斐君（1912—1966），浙江镇海人。1938 年加入中国共产党。曾任甘肃省妇女抗敌后援会主席、重庆难民妇女服务团团长，并协助宋庆龄从事社会福利救济事业。后任重庆国际难童学校校长，与陶行知密切合作，致力于儿童福利事业。

③ 南岸，即重庆市南岸，当时为贫苦难民聚居区。

家庭是受过教育的家庭，母亲又是受过良好教育的，那么，我建议将救济给予家庭来援助儿童，否则我建议将儿童送往管理良好的机构收容。

四、将儿童置于某种可使其身心均能成长的环境，肯定比将他放在只有身体受到照顾的家中为好。

五、在贺夫人指导下的一个机构①决不会不够标准，并且可以有把握地推断，这样一个机构将比南岸难民所能建立起来的最好的保育院更好。

六、轮船不容许我继续写下去。我希望您将发现，帮助建立国际难童学校的基础是可能的。

永远是您忠实的朋友

陶行知

1945 年 3 月 24 日

① 机构，即为国际难童学校（园），又称“培才学校”。

替乡下小朋友征求节礼[①]

——育才学校校长陶行知先生的一封信

我们的朋友、小孩们的朋友：

儿童节四月四日快到了。城里少数的小孩子，不消说大概是很热闹的准备过节了；乡下的小孩从来没有人想到也不知道什么是儿童节。我们这次要把儿童节介绍给乡下的小孩，特别是看牛的、割柴的、拾狗屎的、挑煤炭的，做徒弟的、没有父母的，吃不饱穿不暖、受人歧视的小孩子，使他们至少能享一天的快乐和一年的学习工具。十几年前，我曾写过一首小诗：

乡下人送来的礼，
是麦是米；
城里人送来的礼，
是尿是屎。

我们城里人，除了这两样礼物之外，似宜增加一点。最好乘着儿童节，送一些好玩、好吃、好用的礼物，给乡下的小孩子，使他们得到一点小小的幸福。我们建议是：

（一）送一千位小孩每人一包糖；

（二）送一千位小孩每人一支笔；

（三）送一千位小孩每人一本簿子；

① 本文录自1945年4月2日《新华日报》。替乡下小朋友征求节礼事，发起于是年3月底。当这封公开信刊载时，此活动即将截止。据同年4月4日《新华日报》报道，截至4月3日，已募得资金法币十五万元，还有饼干、铅笔等物品。其中，中央大学学生募捐七千元，《新华日报》同人募捐五千元。

（四）送一千位小孩每人一本小书；

（五）送健康比赛优胜小孩十名衣帽十件；

（六）送讲演比赛优胜小孩十名好书十本；

（七）送一百名出征军人子女和最努力的小先生手巾、肥皂、笔墨、纸张、书本各一套；

（八）送一千位小孩及其父母看一次电影；

（九）为一千位小孩预备必不可少的家常用药。

朋友们：这是很值得参加的一件事。让我们大家各尽所能，来共同完成一件虽小而大的事——使乡下的小孩得到真正的快乐。倘蒙赞同，实物或代金[①]，多少都听尊便。敝校同人愿任送递、分配、报告之役。时间太迫促了，希望各位朋友将实物或代金于四月二日十二时前交下，我们才来得及把诸位的盛意达到乡下的小孩。

敬颂

康健！

育才学校校长

陶行知拜启

① 代金，即代金券，可代替钞票，在购物中抵扣等值的现金。

号召为乡下儿童送礼相当成功[①]

——致吴树琴

树琴：

这一回为乡下儿童号召送礼相当成功：得到代金十四万元，为印刷课本教材之用；铅笔一千一百廿枝，糖果十盒，书籍、拍纸簿、信笺各数十份，药品二十一种，皆为日常所需而且是相当丰富。明天尚有礼物可收，内中有饼干，包好的，数量不少，要明早送管家巷[②]。怕要到四月四日下午才能送到乡下分发。我的身体今天算是复原了。这里事太多，使我不能于儿童节赶来。如此，我要到十一日以后才可来泉[③]。晓光[④]托你把樟脑放下箱，恒智[⑤]的书要四月五日才能办。白色西装，万芸[⑥]先生有颜料，大概四五千元可染，明天由他亲自取去。淑惠[⑦]入院，要养三星期，于下

---

① 本文录自四川教育出版社 2005 年版《陶行知全集》第 5 卷。本文写于 1945 年 4 月 2 日。原件存吴树琴处。题目系《陶行知全集》编者所拟。致函对象吴树琴（1915—2003），系陶行知续弦夫人，安徽休宁人。1938 年毕业于上海中法大学药学专修科。1939 年 12 月 31 日，在重庆与陶行知结婚。当时，她在药厂工作，与陶行知分居两地，所以经常通信联系。有关“为乡下儿童送礼”事，见《替乡下小朋友征求节礼》注。1945 年儿童节为乡下儿童送礼事，获得较大成功，陶行知喜不自胜，并及时将欣喜之情转达给吴树琴。

② 管家巷，即重庆管家巷 28 号，时为育才学校驻渝办事处。

③ 泉，即重庆北泉，当时吴树琴任职药厂的所在地。

④ 晓光，即陶晓光，陶行知次子。当时，他辞去中国航空公司的优厚待遇，回到父亲身边，协助办理育才学校。

⑤ 恒智，即吴恒智，吴树琴之弟，时在蓝田师范学校任职。

⑥ 万芸，陶行知认识的已迁至重庆的上海大众棉织厂厂长。

⑦ 淑惠，即吴淑惠，吴树琴胞妹。

周开刀。梅仙[1]进城甚窘，我代你送了她一千元，我给了小孩儿童节礼一千元。我自北碚来之前，她已在管家巷住了两天。她问我借住两个月，我告诉她不可能。她只好回去报告汪凤翔[2]了。

敬颂

康健！

衙

卅四、四、二

① 梅仙，即吴梅仙，吴树琴好友，生活教育社社员。

② 汪凤翔，获陶行知救助的安徽青年。他在徒步来渝途中，财物尽数被窃，只得求助于同乡前辈。

儿童节礼物[①]

——致陈元直、廖意林

元直、意林二同志：

这次为乡下儿童发动儿童节送礼是出人意外的成功。今天中央大学学生看到报上所说，踊跃响应，特派同学，送来将近万元。这是多么令人感动啊。我们的口号是：

（一）给乡下小孩一天的快乐；

（二）给乡下小孩一年的学习。

所谓乡下小孩是整个的，不能遗漏掉守牛、砍柴、挑煤、拾狗屎、小徒弟、佃农的孩子，无父无母的孩子、受人歧视的孩子，特别要紧的是抗属[②]的孩子。

帽子六顶有五顶是买的；小鞋也买了六双，手巾买了四条，洋娃娃买了六个。如已发动比赛而不好停止，则每人给一样奖品，使得皆大欢喜，不要令人向隅。因为在不平等的境遇中，比赛是不公平的。

---

① 本文录自1946年4月《民主教育》第六期，正题为“去年村童小欢喜 今年应该胜去年”，副标题为“二封未曾发表的信”。此文即为二封未发表的信之一。今题系编者所拟。致函对象陈元直（1917—2008），原名隆愚，湖北武汉人。1941年毕业于武汉大学化学系。1943年受聘担任育才学校自然组教师。时任育才学校教导部主任、农村服务工作委员会委员。另一致函对象廖意林（1915—1968），女，笔名申之、施因等，湖南宁乡人。1937年赴延安，入陕北公学和马列学院学习。1938年加入中国共产党。次年调中共南方局，旋分派至育才学校工作，历任社会组教师、主任，育才学校生活指导和中共育才学校支部书记。因他们负责儿童节礼物分派工作，故陶行知专门致函。有关“为乡下儿童送礼”事，见《替乡下小朋友征求节礼》注。

② 抗属，即“抗战军烈属”的简称。

我希望抗属的小孩，能得到好的礼物。

竹因①同志昨带上五万元，彭松②同志今带上十万元，这是为着要给乡下失学小孩一年的学习材料与文具，不主张零用；全数预先买纸以便印刷课本与教材。课本照北泉小学式样但宜用绿色，以便用红笔批改。

参加的小孩宜有详细之登记，包括姓名、年龄、男女、住址、有无父母、家庭状况、经济情形、工作性质、志愿。动员农村工作人员，分头用卡片登记。倘为时已晚，先登记姓名、村庄，次日即赶填。

用款与礼物分配，均宜写明保存，并编统计报告，以便将来很快的印发给捐物、捐钱的朋友，而昭大信。

跳出学校之小圈而为乡村儿童服务，特别是为不幸的儿童服务。如糖果不够，本校年长的小朋友可不发；再不够，本校的年幼小朋友缓发，尽量的优待校外的小朋友。

截至现在（四月三日晚九时）止，共收到二十三万四百六十二元。买礼物交校本部用八一四〇元。方竹因同志带校本部五万元；彭松同志带校本部十万元；共十五万元为乡下小孩印课本、教材。又付高峰寺农场③招待小朋友六千元，付国际难童学校二万五千元招待南岸难童。结存四万九千三百廿元，留付印工装订费。

敬祝

康健！

陶行知

卅四年四月三日

---

① 竹因，即方与严，时任育才学校校务主任。

② 彭松，山东济南人。1943 年毕业于重庆国立戏剧专科学校。1944 年受聘担任育才学校舞蹈组教师。后历任上海中国乐舞学院教务主任、华北大学文工团一团舞蹈组组长、中央戏剧学院舞蹈团编导、北京舞蹈学校教员、北京舞蹈学院教授等职。

③ 高峰寺农场，为育才学校为解决经济困难而开办的三个农场之一。